2021年安徽建筑大学新文科研究与改革实践项目“人力资源管理专业新文科建设实践”资助

人力资源管理专业毕业设计指导手册

主　编　陈松林

副主编　赵　勇　连瑞瑞
　　　　陈　坤　范海洲

合肥工业大学出版社

内 容 提 要

本书分为总论编、实务编和案例编三部分。其中，总论编主要介绍了毕业设计的指导思想和地位、意义、一般流程，毕业设计的组织分工、质量监控、档案管理和双导师制。实务编主要介绍了毕业设计工作从开始到结束的全过程任务，包括选题、文献研究、撰写计划任务书和开题报告、开展调查研究、撰写毕业设计研究报告、毕业设计评审答辩和考核评定。案例编精选了本书编委会多位老师指导的2019—2021届的4篇优秀毕业设计作品，涉及组织管理、人力资源管理系统、招聘管理、培训管理等，指导老师对每篇作品进行了细致的点评。

图书在版编目(CIP)数据

人力资源管理专业毕业设计指导手册/陈松林主编．—合肥：合肥工业大学出版社，2022.6

ISBN 978-7-5650-5656-7

Ⅰ.①人… Ⅱ.①陈… Ⅲ.①人力资源管理—毕业设计—高等学校—教学参考资料 Ⅳ.①F243

中国版本图书馆CIP数据核字(2022)第070173号

人力资源管理专业毕业设计指导手册

陈松林 主编　　　　责任编辑 孙南洋

出 版	合肥工业大学出版社	版 次	2022年6月第1版
地 址	合肥市屯溪路193号	印 次	2022年6月第1次印刷
邮 编	230009	开 本	710毫米×1010毫米 1/16
电 话	人文社科出版中心：0551-62903200	印 张	12
	营销与储运管理中心：0551-62903198	字 数	167千字
网 址	www.hfutpress.com.cn	印 刷	安徽昶颉包装印务有限责任公司
E-mail	hfutpress@163.com	发 行	全国新华书店

ISBN 978-7-5650-5656-7　　　　定价：39.00元

编 委 会

前　言

本书以人力资源管理专业应用型人才培养需求为导向，以管理类专业本科生毕业设计工作标准化为追求，总结编委会多位老师多年指导学生进行毕业设计的实际工作经验，面向未来高质量发展的需要，系统梳理毕业设计工作流程、工作内容、工作成果和管理要求。

本书的目标读者是管理类专业学生、老师和教学管理人员。使用本书的学生能够深刻理解毕业设计的目的和意义，了解毕业设计的方法和工具，熟练掌握毕业设计全流程工作任务的内容和要求，综合训练运用管理专业知识发现、分析和解决实际问题的能力。使用本书的老师能够按照毕业设计工作节点高效地指导学生，精准把握提高毕业设计质量的控制点。使用本书的教学管理人员能够明确毕业设计的组织管理、质量监控和校外导师管理等工作要点，提高实践教学管理水平。

本书综合运用了多种教学方法，能有效帮助大学生提高毕业设计工作实践能力。一是游戏式教学法，针对“00 后”大学生的特点，本书以“简洁实用、方便好用”为编写原则，采用游戏通关的内容编排模式；二是案例式教学，把往届同学的毕业设计作品及其指导老师的点评呈现给大学生，帮助大学生即学即用，在模仿中创新，不断深化对毕业设计工作的理解，提高开展毕业设计工作的兴趣和能力。

编者在写作过程中，参考和借鉴了一些学者的研究成果，均以参考文献的方式列出，在此对这些作者致以诚挚的谢意。

编　者

2021 年 9 月

目 录

总 论 编

实 务 编

总论编

第一章　毕业设计概述

毕业设计是本科生实践教学内容之一，是专业人才培养体系的重要组成部分，也是实现培养目标和检验教学质量的关键环节。作为学生毕业前最后一个重要学习环节，毕业设计既是学生学习、研究与实践成果的全面总结，又是对学生素质与能力的一次全面检验，是学习深化与升华的重要过程。

第一节　毕业设计与毕业论文的区别

比较而言，管理类毕业论文的定位是科学研究，从具有一定普遍性的管理问题出发，通过演绎法或归纳法，论证研究假设或得出理论观点，以论文的形式呈现结果，就所研究的问题得出结论和建议，强调科学严谨、规范专业，目的是训练学生发现、分析和解决管理领域的科学问题，提高科学研究能力；毕业设计的定位是管理改进，以解决一个组织具体的管理问题为起点，通过参阅文献和调查研究，提出具有可操作性的解决方案，体现一般原理与个性化对策的高度统一，以研究报告的形式呈现结果，强调有理有据、简单实用，目的是训练学生综合运用所学基础理论、专业知识和技能以及通识，分析具体管理问题的原因，提出具体可行的解决办法和措施，提高专业管理能力。在排篇布局上，毕业论文基于“提出问题—分析问题—解决问题”的总体思路，重在分析问题，运用特定理论解释特定现实问题，重在说理；毕业设计研究报告重在解决问题，不仅要设计解决方案，有条件的还可以试行并做进一步优化，所以更接地气。毕业论文和毕业设计的区别见表 1-1 所列。

表 1-1 毕业论文和毕业设计的区别

区别项	毕业论文	毕业设计
定位	注重理论发展：科学研究	注重实践应用：管理改进
目的	解决科学问题，提高科学研究能力	解决管理问题，提高专业管理能力
成果形式	研究论文	研究报告
成果贡献	研究结论和建议	具体管理问题的解决方案
成果要求	科学严谨、规范专业	有理有据、简单实用

第二节 毕业设计的指导思想和地位

从指导思想看，2004 年发布的《教育部办公厅关于加强普通高等学校毕业设计（论文）工作的通知》明确指出："毕业设计（论文）在培养大学生探求真理、强化社会意识、进行科学研究基本训练、提高综合实践能力与素质等方面，具有不可替代的作用，是教育与生产劳动和社会实践相结合的重要体现，是培养大学生的创新能力、实践能力和创业精神的重要实践环节。"要求："各省级教育行政部门（主管部门）和各类普通高等学校都要充分认识这项工作的必要性和重要性，制定切实有效措施，认真处理好与就业工作等的关系，从时间安排、组织实施等方面切实加强和改进毕业设计（论文）环节的管理，决不能降低要求，更不能放任自流。"

从教学地位看，2013 年教育部发布的《普通高等学校本科教学工作审核评估方案》把毕业设计列入审核评估要点，毕业设计成为审核评估的重要考察对象。毕业设计历时 15 周，学分占毕业要求总学分的 8%左右，在人才培养体系中处于突出的地位。

第三节　毕业设计的意义

毕业设计的意义体现在三方面：一是有利于学生的职业发展和继续深造。通过毕业设计，学生不仅加深了对具体组织中人和事的了解，而且锻炼了专业工作所必需的基本技能和从事科学研究工作的初步能力。二是有利于指导老师教学能力的提升。学生调查研究获得的第一手资料为指导老师提供了鲜活的教学案例素材，指导学生解决人力资源管理实际问题的过程，引导指导老师检验专业知识和理论的适用性，适时更新教学内容。三是有利于校企合作培养人才模式的持续发展。校外导师、企业导师共同参与指导毕业设计，可切实推动应用型人才培养工作做实做细，双导师制有利于理论和实践的碰撞，形成多赢的局面。

第四节　毕业设计的一般流程

一、毕业设计选题

确定毕业设计选题有五个步骤。①学生和导师互选：导师审查学生做毕业设计的条件后，确定指导的学生人数。②申报选题：导师和学生沟通后，确定主题、篇名或关键词后，学生查找参考文献，拟定初步选题报导师，导师按规定时间上报到专业教研室。③初审选题：专业教研室组织专家对申报的选题进行评价，并将评价意见反馈给指导老师。④修改选题：指导老师和学生对照专业教研室反馈的专家评价意见，修改完善选题。⑤审定选题：专业教研室组织专家对修改后的选题进行再审，最终确定选题。

二、毕业设计过程

（一）填写计划任务书

填写计划任务书包括四个步骤。①查阅参考文献：围绕选题，学生检索、筛选参考文献后，报导师确认。②填写计划任务书初稿：下载计划任务书电子版模板，填写毕业设计题目、主要内容、进度安排、参考文献等内容后，报导师审核。③修改计划任务书：根据导师的审核意见，学生对开题报告的内容和格式进行修改，报导师审核，直至定稿。④提交计划任务书：根据专业教研室通知，按规定时间提交纸质或电子版计划任务书。

（二）填写开题报告

填写开题报告包括四个步骤。①撰写文献综述：导师指导学生阅读选定的参考文献，学生按要求撰写文献综述，报导师审核，不断修改直至定稿，这部分内容将用在研究报告上。②填写开题报告：下载开题报告电子版模板，填写选题依据、文献综述、研究方案、参考文献，其中，选题背景、研究目的和意义、研究方法、参考文献等内容将用到研究报告。③修改开题报告：根据导师的审核意见，学生对开题报告的内容和格式进行修改，报导师审核，直至定稿。④提交开题报告：根据专业教研室通知，按规定时间提交纸质或电子版开题报告。

（三）开展调查研究

开展调查研究分三个步骤。①设计调研方案：导师指导学生明确调研目的、调研主体、调研对象、调研方式、调研方法、调研工具、调研时间、调研地点、信息储存等具体可操作的细节。②实施调研方案：按照既定的调研方案，根据实际情况，学生灵活实施资料收集、问卷调查、访谈调查等调研活动。③处理数据信息：导师指导学生运用科学的数据信息处理方法，对收集到的数据信息进行分类整理和统计分析，形成图表、文字分析结果。

（四）撰写毕业设计研究报告

撰写毕业设计研究报告分四个步骤。①确定研究报告框架：导师指导学生明确研究报告的三级标题，学生通过研究框架的修改完善，形成科学严谨的研究思路。②撰写研究报告：下载研究报告模板，撰写绪论（引言、导言）、文献综述、现状调研、问题分析、设计方案等内容。③修改研究报告：根据导师的审核意见，学生对研究报告的内容和格式进行多次反复修改，直至最终定稿。④提交研究报告：根据专业教研室通知，按规定时间进行重复率检测，符合要求后，提交纸质或电子版研究报告。

三、毕业设计答辩

毕业设计答辩环节是整个毕业设计工作的总结和检验，也是间接考察学校对毕业设计的重视程度、教师指导水平以及毕业设计工作是否扎实的一个重要环节。毕业设计答辩在学院答辩领导小组的领导下，由专业系具体组织，具体流程如下。①答辩前的准备：根据专业教研室通知的要求，学生明确答辩规则，结合给定的汇报时间长度，提前做好研究报告 PPT。②答辩中的工作：在指定的时间、地点，学生在规定时长，根据 PPT 进行口头汇报，简单扼要地介绍毕业设计过程中的主要工作、最终成果；然后，回答答辩专家组提出的问题：在汇报研究报告结束后，事先评阅过研究报告的答辩专家提出问题，学生记录问题，经过一段时间（这段时间由其他同学汇报研究报告）的准备后，口头回答老师的提问。③答辩后的工作：根据专业教研室通知的要求，按规定时间，打印选题审批表、计划任务书、开题报告、研究报告、成绩评定表等文件，提交纸质版，用于整理归档。

第二章　毕业设计管理

第一节　毕业设计的组织分工

毕业设计教学管理工作由分管教学的副校长统一领导，实行分级管理，层层负责。按照学校要求，二级学院成立毕业设计工作领导小组，学院院长任组长，分管教学的副院长、分管学生工作的书记任副组长，系主任、教学秘书为主要成员。二级学院的院长是教学质量的第一责任人，总体负责毕业设计的管理工作，全面负责毕业设计的质量和水平；分管教学的副院长负责毕业设计的过程管理工作；分管学生工作的书记应协助做好毕业设计过程中的学生管理工作。

一、院长和分管教学副院长的职责

院长和分管教学的副院长是毕业设计的主要领导者和负责人，其主要职责包括如下方面。

（1）贯彻落实教务处对毕业设计工作的指导性文件精神，结合学校毕业设计工作的要求和本学院教学实际，领导制定相应的毕业设计管理规定。

（2）负责毕业设计工作的宏观指导，协调处理毕业设计过程中的有关问题。

（3）分管教学的副院长负责对毕业设计教学过程中的各个环节进行

质量监督和检查，组织成立毕业设计答辩与评选机构，实施毕业设计答辩和优秀毕业设计评选活动。总结毕业设计工作。

二、系主任的职责

系主任具体负责落实毕业设计工作，其主要职责包括如下方面。

（1）协助院长及分管教学的副院长贯彻落实学院有关毕业设计的管理规定，制定本学院毕业设计工作计划和实施细则。

（2）协助院长及教学副院长进行毕业设计工作动员，审查指导教师资格，拟定学生与指导教师互选方案，确定学生的毕业设计指导教师。

（3）审查、汇总、公布毕业设计题目。

（4）安排、布置毕业设计工作任务。

（5）组织检查毕业设计开题报告。

（6）中期检查毕业设计工作进度，检查指导教师的毕业设计指导情况。

（7）组织安排毕业答辩工作。

三、教学秘书的职责

教学秘书协助院系两级教学组织落实毕业设计工作，具体职责包括如下方面。

（1）审查毕业设计答辩资格。

（2）汇总毕业设计书面材料。

（3）负责印刷相关文件表格。

（4）验收毕业设计最终材料。

第二节　毕业设计的质量监控

为保证毕业设计的质量，从管理组织、设计过程和责任人等三个方面进行监控。

一、管理组织的三级管理监控

学校（教务处）、学院和专业系三级毕业设计的管理组织要认真履行各自的管理职责，明确责任、科学计划、落实到位。

教务处主要负责制定毕业设计的质量和管理标准，掌握工作动态，进行宏观管理和指导协调工作；组织学校督导组和有关专家进行毕业设计工作的检查和质量监督；组织毕业设计工作的教学管理考核。

学院监控的主要内容是：根据学校的毕业设计管理办法，结合本学院的专业特点制定质量监控实施细则；审定毕业设计指导教师资格，明确指导教师的职责，组织学院督导组和有关专家对毕业设计工作全过程进行检查和督导；组织毕业设计质量考核工作。

专业系负责选题审核，监控整个毕业设计工作过程的进度和质量，检查督促指导教师对学生的管理和指导；审定教师评语，进行毕业设计研究报告的格式审查，组织毕业设计答辩和成绩评定。

二、毕业设计过程的三期监控

对毕业设计的前期、中期和后期三个阶段分别进行检查和监控。前期：专业系着重检查指导教师到岗情况，选题所必需的条件是否具备，毕业设计任务书是否下达到每个学生，检查学生开题报告。中期：根据教务处的通知，学院安排专业系组织中期检查工作，着重检查毕业设计的学风、工作进度、教师指导情况及工作中存在的困难和问题，并采取有效措施给予解决。后期：答辩前，专业系着重对学生进行答辩资格的审查，根据任务书及“毕业设计撰写规范”的要求，检查学生完成工作任务的情况，并组织教师对学生毕业设计的成果进行验收。

三、毕业设计质量监控的三方责任人

指导教师、评阅教师和答辩小组作为毕业设计质量监控的三方责任人，是毕业设计质量监控的核心，指导教师是质量监控的关键。

（一）指导教师的职责

（1）以教书育人为宗旨，引导学生养成正确的思维方法和严谨治学、求实认真的科学态度。

（2）注重培养学生的独立工作能力和创新精神，充分发挥学生的主观能动性和创造性。

（3）加强对学生学术规范方面的教育，不得替代学生撰写毕业设计研究报告。

（4）指导学生认真填写毕业设计任务书，明确毕业设计必要的内容、要求、数据、应完成的工作、阶段工作进度，列出参考文献目录。

（5）每周与学生见面至少一次，指导学生查阅文献、收集资料、撰写开题报告、撰写研究报告、翻译外文等事务。按时、定期检查学生的工作进度和质量，及时解答和处理学生提出的有关问题。

（6）评价学生的研究报告，写出评语、给出成绩。

（二）评阅教师的职责

认真评阅毕业设计研究报告，除认真检查其内容的完整性、结构的合理性、成果的创新性和可行性以外，还要检查有无抄袭、外文翻译是否准确以及成果是否符合规范化要求等。

（三）答辩小组的职责

通过答辩，审查毕业设计成果的创新性和可行性，检查有无抄袭和研究报告的规范性。

毕业设计工作结束后，各专业要认真总结，形成对毕业设计质量监控的闭环。总结内容包括：本专业在毕业设计工作过程中执行学校规定和要求的情况、工作特色和取得显著效果的做法、存在问题及改进的措施，并对学校毕业设计工作提出意见或建议。

第三节　毕业设计档案管理

学生毕业设计成果属学校所有。毕业设计全过程资料汇总形成档案，由各学院保存，保存期为3年。优秀毕业设计原件送交学院资料室永久存档，并送教务处1份存档。

一、毕业设计档案的内容

毕业设计档案袋封装下列纸质材料。

（1）毕业设计前期资料：选题审批表、计划任务书、开题报告。

（2）毕业设计过程资料：学生工作周记、教师指导周记、期中检查表。

（3）毕业设计成果资料：毕业设计研究报告。

（4）毕业设计评价资料：指导老师评阅表、评阅老师评阅表、答辩小组评价表、毕业设计综合评分表。

二、毕业设计档案的形式

毕业设计档案统一使用学校印制的毕业设计档案袋封装，在形式上必须符合以下要求。

（1）文本格式规范。各类文本必须符合学院统一规定的模板。

（2）文本数量完整。按档案袋封面清单序号，由学生自检、指导老师复检后，教学系主任验收毕业设计档案，交学院资料室保管。

（3）文本签名完整。检查所有文本需要相关人员的手写签名是否遗漏。

第四节　毕业设计双导师制

毕业设计双导师制是指为学生的毕业设计配备两个导师：校内专业导师和企事业单位兼职导师。双导师制可以充分利用校外兼职导师丰富的实战经验和实践资源，为学生毕业设计工作的开展提供调研条件和方案设计指导，不仅可提高学生毕业设计质量，也是锻炼和培养校内专业导师实践能力、提高双师型指导能力的有效手段。

一、校外导师的选聘

校外导师由专业系推荐，学院审核通过后，由学院统一聘任。校外兼职导师一般由行业内领军企业的部门经理级以上中高层管理干部担任，具有丰富的人力资源管理工作经验，愿意并有精力指导学生开展毕业设计活动。

二、校内外导师的职责划分

校内导师是学生毕业设计的责任人，对毕业设计的过程和成果负全责。校外兼职导师协助校内导师进行指导，为学生提供必要的毕业设计资料、信息和数据，对毕业设计成果的可行性进行审核、评价并提出意见和建议。根据毕业设计工作需要，校外兼职导师可以参加毕业设计的评阅，作为答辩小组成员参加毕业答辩。

实务编

第三章　毕业设计选题

爱因斯坦说："在科学面前，提出问题往往比解决问题更重要。"选题是毕业设计的起点，也是关键点，合适且正确的选题是做好高质量毕业设计的前提和基础，围绕专业人才培养目标，调动学生综合运用所学专业知识分析和解决人力资源管理实际问题是毕业设计发挥人才培养功能的关键。

第一节　选题的前提和原则

毕业设计是围绕解决一个单位具体的人力资源管理实际问题展开的，能够深入企业现场获得第一手数据、信息是进行毕业设计的基本要求，因此，指导老师申报选题、学院组织审核选题时，一定要审查学生是否具备做毕业设计的前提条件。

一、选题的前提条件

（一）明确具体的选题来源

选题来源反映了毕业设计选题的基础是否扎实，只有明确毕业设计要解决具体单位具体的人力资源管理实际问题，选题才有实际意义。毕业设计选题有三个来源：一是学生在具体的实习单位工作了一段时间，发现该单位突出的人力资源管理的实际问题；二是指导老师为企事业单位提供管理咨询和培训的过程中，客户提出需要解决的人力资源管理的实际问题；三是产学研合作基地企业或校外导师欢迎毕业生前去企业调查研究需要解决的人力资源管理实际问题。

（二）找到理想的企业导师

在具体的实习单位找到资深的人力资源管理工作者做企业导师是比较理想的，对学生确定毕业设计“真问题”非常有帮助，也为后期邀请企业导师指导学生开展毕业设计调研诊断和设计方案做好铺垫。

（三）拥有可用的调研资源

充足信息量是完成问题分析及毕业设计的必要条件，让学生清楚地知道实习单位可以公开提供哪些人力资源管理信息，如果薪酬、人事调整、财务等数据资料和管理文件涉及企业机密，企业不便提供信息时，那么就要考虑毕业设计能否获得必要和充分的信息。如果信息量不足，就尽快更换选题。

二、选题的基本原则

（一）与专业相关，小题大做

选题紧密结合人力资源管理专业模块知识，针对一个对企业发展有较大影响的实际问题，做深做透研究，提出具有高度专业水平的解决方案。题目样式是×××公司×××方案，如“×××有限公司校园招聘优化方案”“×××有限公司业务员招聘优化方案”。

（二）与企业相关，做真题

选题针对实习企业人力资源管理方面的现实痛点问题，必须明确选题的背景和意义，解决选题的必要性、重要性和价值性问题，找到运用专业知识分析和解决实际问题的成就感。

（三）与职业相关，真做题

毕业设计不仅仅是专业实践教学的综合训练项目，更是一次提升学生职业能力和素养的机会。学生在实习期间，把选题和实习工作有机联系起来，用职业化的视角，通过观察、访谈、收集文件、发放调查问卷，提出切实解决企业人力资源管理痛点问题的方案，请企业导师对方案提出修改完善意见。要求方案应具有可操作性，体现在具体的管理制度、管理表格、管理流程上，杜绝长篇大论空谈思路。

第二节　选题的类型和方式

一、选题的类型

（一）按设计内容分类

确定选题属于哪个人力资源管理职能模块。一般而言，人力资源管理专业同学在企业的实习岗位以人事专员居多，因此选题较多地聚焦在招聘管理、培训管理、人才发展、组织管理等模块，薪酬管理、绩效管理模块的复杂程度高，学生获得的信息有限，做起来难度大。

（二）按设计对象分类

确定选题研究解决哪个层面的人力资源管理问题。一般而言，分为组织和群体两个层面。前者研究解决某家企业某个人力资源管理职能模块的问题，如“某企业员工胜任素质模型构建研究”；后者研究解决某企业某类人群的人力资源管理职能模块的问题，如“某企业基于岗位胜任力模型的汽车销售人员培训体系构建研究”。

二、选题的方式

从学生确定毕业设计选题的发起人角度看，有三种选题方式：一是学生主动提出的选题，二是学生被动接受导师安排的选题，三是学生和导师商量确定的选题。

（一）主动式选题

学生在对实习单位人力资源管理实际问题有过深入思考，乃至和企业导师有过交流的基础上，提出选题，找到对选题熟悉度高的导师沟通确认。

（二）被动式选题

在选定导师（包括校外导师）后，导师根据企业管理研究选题的需要提供选题，并配套提供实习或调查研究的条件。

（三）协商式选题

在没有合适选题的时候，根据毕业设计选题的前提条件和基本原则，学生和导师商量确定选题。

第三节　选题的质量管理

毕业设计选题质量直接关系毕业设计的整体质量，进而影响人才培养质量。院系要高度重视毕业设计选题环节的管理，通过系统化设计、精细化管理，切实提升毕业设计的选题质量，进而提升毕业设计质量，提高应用型人才培养的实践能力和创新能力。其中，对毕业设计选题的质量进行评价把关，提出改进措施，是取得更多高质量毕业设计成果的关键。

一、选题的质量评价

为保证毕业设计选题的质量，指导老师和院系领导可从以下五方面评价选题的质量。

（一）选题的专业符合度

毕业设计选题应与人力资源管理专业密切相关，如此才能反映学生分析问题和解决问题的能力是否体现该专业人才培养目标的要求，所以，专业符合度是评判毕业设计选题与本专业培养目标一致性的关键要素。选题与专业的符合度情况分为 A、B、C 三个级别：选题明确，与本专业密切相关，符合专业培养目标的为 A 级别；选题比较明确，与本专业有点关系，基本符合专业培养目标的属于 B 级别；选题不明确，或明显不属于本专业业务范围的属于 C 级别。

（二）选题的应用性

对于应用型高校的商科类学生而言，更为强调培养学生综合运用所学理论、知识和技能解决实际问题的能力，而毕业设计相对于毕业论文更能促进这一目标的达成，因此，毕业设计选题应密切联系实际，注重应用价值。选题的应用性情况主要依据毕业设计题目类型和题目来源考量。选题应用性程度可分为 A、B、C 三个级别，其中，产生于各类组织人力资源管理的实际问题，属于真实选题，为 A 级别；与各类组织人力资源管理的实际问题有一定关系，但无法应用于组织人力资源管理实际，属于虚拟选题或模拟选题，为 B 级别；题目与各类组织人力资源管理的实际问题无直接关系，为 C 级别。

（三）选题的难易程度

毕业设计选题的难度要适当，要适合学生的知识和能力状况，要综合考虑学生可获得的调研资源，不宜过难，但也不能过于容易。若难度过大则难以保证如期完成，而立意过大、内容空泛，则达不到综合训练的目的；若题目过简过小，则学生综合运用所学知识解决实际问题的能力得不到全面锻炼。

（四）题目的规范性和严谨性

毕业设计题目的严谨性、规范性是做好毕业设计的重要保证，重点从题目的表述上进行考察。题目的表述应力求准确、科学、简洁、明快。题目的严谨性和规范性情况可分为三个级别，题目表述规范，用词严谨准确的为 A 级别；题目表述比较规范，表达比较准确的为 B 级别；题目表述不规范，口语化严重，重点不明确的为 C 级别。毕业设计题目表述不规范、不准确的主要表现为：题目表述不完整，选题口语化，题目宽泛，研究对象不聚焦等。

（五）题目的低重复性和独立性

在毕业设计的题目申报阶段，学校利用信息化手段对题目名称进行审核，避免题目文字重复。一般来说，毕业设计题目基本能做到低重复性和独立性。

二、提高毕业设计选题质量的措施

（一）引导师生重视毕业设计

通过召开动员会、制作和发布毕业设计工作宣传资料，加强对毕业设计及其选题在人才培养过程中重要性的宣传教育，提高教师和学生对毕业设计及其选题重要性的认识，促进教师和学生加大在毕业设计上时间和精力的投入。

（二）完善本科毕业设计的选题标准

科学合理地制定毕业设计选题质量评价指标体系。在选题标准中要明确相关概念及界定标准，避免出现含义不清或含义交叉的情况；指标体系中对于毕业设计选题来源要提出明确要求，强调取材于企业人力资源管理实际问题的比例。

（三）拓展毕业设计选题来源

学校通过深化产学研合作，并依托产学研合作平台，建立基于合作企业人力资源管理实际问题、案例、真实项目等的信息采集制度，为本科毕业设计选题提供丰富的素材；还可以依托平台，建立面向企业的毕业设计选题征集制度，目标是建立本科毕业设计题目库，并面向教师和学生开放，拓展本科毕业设计的选题来源，提高应用型大学本科毕业设计选题的实践性和创新性。此外，通过产学研合作平台，还可以探索毕业实习、毕业设计与就业一体化的模式，鼓励学生把毕业实习中发现的企业人力资源管理难题变成自己的毕业设计选题。

（四）提升毕业设计指导教师的能力与水平

加强对毕业设计指导教师的遴选、聘用、培训与考核，要明确毕业设计指导教师资格并严格审核，对于没有相关专业背景的教师进行毕业设计指导的情况要严格把控；要加强对指导教师开展毕业设计管理规范和毕业设计质量要求的业务培训；要依托产学研合作平台，探索建立毕业设计的双导师制，引导教师在企业实践过程中与企业人员联合开展毕业生毕业设计的选题和指导工作。同时要完善校外导师聘用制度，明确企业导师的要求，优先聘用具有较为深厚宽广的行业实践背景人员等；要通过各学院、校友、社会等多渠道常年聘请行业企业人员，构建结构合理、层次完整的校外导师队伍，与专任教师共同指导学生的毕业设计，并通过相应的激励政策和制度，充分发挥校外导师在指导学生开展毕业设计工作中的作用。此外，要依托产学研合作平台，积极支持教师开展企事业实践活动，提高教师科研能力和社会服务能力，以带动教师提高指导毕业设计的能力与水平。

（五）完善毕业设计选题的质量监控和反馈改进机制

要强化毕业设计过程管理，进一步规范选题程序，通过学校抽查和学院自查相结合的方式严格毕业设计选题审查，引导学生选择具有实践性、创新性的选题；对于自拟题目要严格把控。针对审核过程中不符合要求的选题，要限期整改，并在开题之前对整改情况及时追踪，确保开题之前的选题质量。学院每年要根据自查自评情况，形成本科毕业设计选题质量分析报告，不断提升毕业设计选题质量。学校要探索建立本科毕业设计选题质量和整体质量年度评估制度，每年对于毕业设计选题质量和整体质量进行评估、反馈，并形成持续改进机制。要建立健全毕业设计抽检制度，通过严格管理，引导教师和学生对毕业设计的重视。

（六）建立优秀毕业设计成果的常态化展示制度

搭建优秀毕业设计的线上和线下展示平台，将历届优秀毕业设计成果及专家点评意见进行展示，让学生通过观摩优秀成果充分认识、理解毕业设计选题标准和要求的真正内涵以及优秀毕业设计的实际体现，为学生提供努力的方向和目标，形成优秀毕业设计的引领示范效应。

（七）建立完善毕业设计质量奖惩并举机制

在本科毕业设计选题质量和整体质量的年度评估中，对于优秀毕业设计的指导教师，要在职称晋升、评优评奖等方面给予适当的倾斜，充分调动教师指导本科毕业设计的积极性。

第四章　文献研究

与撰写毕业论文的学术性要求不同，毕业设计强调应用性，因此文献的检索不仅需要相关的权威理论研究做支撑，更需要与解决实际管理问题直接相关的文献做参考。

第一节　文献研究的作用

文献是指与某一研究问题相关的、能够反映问题领域研究进展的各类成果。文献研究是毕业设计前期的重要工作，与毕业设计选题存在交互作用的关系，如图 4－1 所示。熟悉同一研究领域的现状和主要研究成果，与研究问题的初步选择和进一步明确化密切相关。

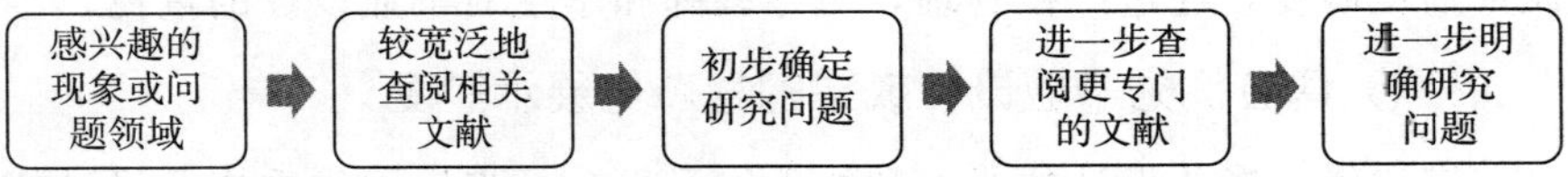

图 4－1　文献研究与选题交互作用的过程

文献研究的作用主要体现在三个方面。

一、熟悉和了解问题领域已有的研究成果

前人的研究是后人的阶梯，通过系统的文献检索，较全面地了解问题领域的研究状况，特别是已经取得的研究成果，对于选择和确定毕业设计选题具有十分重要的作用。以现有研究为参考框架，便于找到自己

的研究在该领域中的位置，认识到毕业设计对解决实际问题、增加该问题领域的知识所做出的贡献。

二、学习和借鉴前人的研究思路和研究方法

通过文献的检索，学生了解到以前的研究者在探索该问题领域时所采取的各种不同的研究角度、不同的研究策略以及各种具体的研究方法，看到了以往研究者经历过的探索道路，为自己进行研究设计、收集和分析资料提供了一种借鉴和参考的具体框架。一般来说，毕业设计中用到的理论分析工具、调查研究工具、设计方案框架，可以学习和借鉴以往相关的研究成果，针对要解决的实际问题，因地制宜地灵活运用。

三、为解释研究结果提供背景资料

文献检索提供了与问题领域有关的背景资料，成为毕业设计选题和研究设计的参考框架，同时也是对研究结果、研究结论进行解释时所依据的参考框架。在毕业设计研究过程中，可能会产生意料之外的研究结果，甚至和期望的结果不同乃至相反的研究结果。要正确理解这些结果，合理地解释这些结果，就需要借助文献中的理论框架、实证研究结论等。

第二节　文献研究的方法

一般而言，文献研究经历搜索、筛选、阅读和分析三个阶段。搜索是开源，反映了研究者的思维广度，能否在线上线下找到与问题领域相关的信息线索是决定能否获得高质量毕业设计所需信息的关键。筛选是打靶，反映了研究者的思维精度，能否对获取的大量信息进行去粗取精、去伪存真的精准识别是决定能否做出高质量毕业设计的关键。阅读和分析是掘金，反映了研究者的思维高度和深度，能否对选定的文献进

行有效解构和综述是决定毕业设计质量高低的重要因素。

一、如何搜索相关的文献

毕业设计参考文献的来源主要包括三个方面：一是相关的专著，二是相关的论文，三是相关的统计资料和档案资料。

与毕业设计选题相关的专著能给我们提供相对全面的研究背景和理论。人力资源管理专业学生可从三个渠道获得相关的高质量专著：一是请指导老师推荐，包括规划教材、知名学者的专著等；二是利用学校图书馆资源，运用数字图书资源搜索引擎，通过“书名”“作者”“主题词”等进行搜索和查询，为提高搜索效率和质量，最好提前学习图书情报方面的课程，提高文献搜索技能；三是利用当当网、亚马逊网等图书交易网站，通过“书名”“作者”“主题词”等进行搜索和查询，配合查看豆瓣读书等网站的读者书评，购买相关专著。

与毕业设计选题相关的论文是文献检索的重点，为研究设计、研究结果解释提供了可资借鉴的参考框架。人力资源管理专业学生做毕业设计较少用到英文的论文，为提高学生阅读理解和应用英文文献的水平，一些学校规定在参考文献中至少列出 2 篇英文文献，学生可通过社会科学索引、社会科学引文索引等进行查找。中文的论文可以通过中国学术期刊网查找，可以根据“时间”“篇名”“主题”“关键词”等条件设置，搜索到 PDF 和 CAJ 格式的原文文件，可以在线阅读，也可以下载到本地计算机阅读。通常情况下，从“主题”查询或“关键词”查询开始，在大范围搜索的基础上，通过“篇名”“发表时间”等条件设置，逐步缩小范围。需要注意的是，选题会同时涉及几个不同的主题领域，因此，应该在几个相关的领域中都进行查找。比如对于员工培训体系设计问题，我们就应该在“企业培训”“员工成长”“组织社会化”“职业生涯”“职工教育”“企业文化”等多个不同的主题领域中进行查找，以保证搜索结果的全面性。与毕业论文强调学术性不同，毕业设计可以采纳各种大众传播媒介如报纸、通俗杂志的文章或是网络新闻，尤其是介绍标杆企业的先进经验，为开拓毕业设计思路和设计方案提供有价值的参考。

与毕业设计选题相关的统计资料和档案资料是分析、判断和解决人力资源管理实际问题的重要依据。人力资源管理专业学生利用毕业实习工作之便，在企业导师或部门负责人指导下，有针对性地收集毕业设计单位相关的统计报表、阶段性工作总结、规章制度、工作流程、管理表单等；同时，利用社交网络，在不违反企业保密规定的前提下，获得一些行业、标杆企业的统计资料和档案资料。

二、如何选择阅读的文献

一般情况下，通过搜索，与毕业设计选题相关的文献可能有上百篇，全部下载后阅读既耗费时间，又抓不住重点，因此，必须对查找到的文献进行筛选，确定哪些是必须详细阅读的，哪些是可以大致浏览的，哪些是不用阅读的。可以从下列几个指标来衡量文献的重要性。

(1) 根据学术期刊的级别来选择。在中国知网中，有 CSSCI、北大核心收录的选项，这两个来源的论文整体质量要高于普通刊物的论文。

(2) 根据文献的相似性来选择。论文的标题、关键词、研究对象、主要内容、理论框架和自己的研究相似的方面越多，越需要重点关注。

(3) 根据发表的时间来选择。科学研究具有累积特征，后人总是站在前人的肩膀上开展研究工作的，因此，近 3～5 年的研究更有用。这些研究或多或少都考虑了前期的研究，当然，为弥补可能遗漏的早期经典研究文献，可以设置引用次数排名的搜索条件，筛选出高被引次数的文献。

(4) 根据研究者或研究机构的学术影响力来选择。通过中国知网的作者、机构、基金赞助等信息的搜索，在问题领域研究成果较多且发表期刊级别高的知名学者或研究机构，尤其是研究基础扎实、研究团队实力强的研究文献，要重点阅读和分析。

三、如何阅读和分析选定的文献

选定毕业设计的参考文献后，接下来的任务就是如何高效率地阅读。根据不同的阅读偏好，可以将文献打印出来阅读，也可以在电脑上阅读电子版文件。阅读文献的目的是梳理、总结和评价以往的研究，学习和借鉴前人的研究，找到自己的研究起点，厘清研究思路和方法。因此，阅读文献时，根据需要掌握的内容，及时在文件上做记号，并做好摘录，建立一个专门做摘录的电子文件包，对摘录内容的主题进行分类，按毕业设计撰写参考文献的格式要求，把阅读的参考文献列出来，将来复制粘贴到研究报告中。从文献综述和指导调查研究的需要考虑，阅读文献时要特别注意下列内容。

（1）厘清关键词的概念界定和内涵，对毕业设计关键词进行符合实际的定义。

（2）注意每一项研究的理论框架和研究背景，即了解研究的出发点和目标，与毕业设计的出发点和目标相似度越高越好。

（3）了解每一项研究的方法，包括研究对象、研究方式、抽样设计、样本特征、资料分析方法等，为毕业设计的研究方法提供借鉴。

（4）关注每一项研究的主要结果，即研究结论和建议，对毕业设计方案有一定的启示。

在系统阅读选定的全部文献基础上，需要回顾摘录的内容，梳理和总结全部文献，为撰写文献综述打好腹稿。考虑的主要方面是：以往学者在这个问题领域做了哪些研究工作？运用了哪些理论？得出了哪些研究结论？存在哪些不足之处？

第五章　毕业设计规划

古人云："凡事预则立，不预则废。"对毕业设计工作进行未雨绸缪的系统规划是做好毕业设计的重要工作，规划的成果体现为毕业设计计划任务书和毕业设计开题报告。

第一节　毕业设计计划任务书

在确定选题后，根据指导老师的安排，学生必须填写计划任务书，对毕业设计工作内容、过程和结果进行规划，这是在撰写开题报告之前的一项计划性工作，因此，还需要列举参考文献，作为撰写文献综述和开题报告的依据。一般而言，计划任务书包括"毕业设计题目""毕业设计的任务内容和成果形式""主要参考文献""毕业设计进度计划"四个部分，每个部分均有各自的填写要求。

一、毕业设计题目

毕业设计题目要求言简意赅、具体明确，反映毕业设计工作要解决的关键问题，体现研究报告的主题，一般字数要适当，不宜超过20个字。

二、毕业设计的任务内容和成果形式

任务内容：分为文献研究、调查研究和撰写研究报告三块任务。文

献研究具体包括搜索、筛选、阅读和分析、总结和评述文献，以了解该研究主题的国内外研究现状，熟悉本研究相关的理论。调查研究具体包括采用资料分析、问卷调查、访谈调查等方法，收集、整理和分析相关的数据（或语料），以图表、文字呈现研究结果。撰写研究报告具体包括确定报告框架、正文三级标题、安排合适内容。

成果形式：毕业设计研究报告。

三、主要参考文献

列出 20 条以上与选题相关的参考文献，包括期刊文章、学术专著、研究生学位论文、会议论文、网络文章等。文献以最近 3～5 年发表的为主，以示本研究既有前人研究作为基础，又跟踪到该研究的最新成果。参考文献的写法要严格按照学校本科毕业设计格式规范列出。

四、毕业设计进度计划

根据专业人才培养计划，毕业设计工作分阶段逐步推进，每个阶段均需要填写“起讫周”和“工作内容”，例如：

（一）第七学期

（1）第 17 周，确定选题。

（2）第 18 周，收集参考文献和资料。

（3）第 19 周，制定和下达计划任务书。

（4）寒假，阅读参考文献并列出毕业设计研究报告大纲。

（二）第八学期

（5）第 1—5 周，大量阅读文献并进行文献综述，撰写并提交开题报告。借助学校图书馆藏书、数字资源和互联网，查阅、收集大量与选题相关的资料，查阅相关政策。同时，查看外文文献并进行翻译。

（6）第 6—12 周，撰写、提交毕业设计研究报告一稿，具体可如下安排：①第 6 周，设计调研方案。②第 7—8 周，实施调研方案，收集数据信息。③第 9 周，对相关数据信息进行整理和统计分析。④第

10—12 周，撰写毕业设计研究报告。描述选题等各方面的现状，揭示所存在的困难与问题，分析造成这些困难与问题的多种原因，进而提出解决这些困难与问题的方案。

(7) 第 13—14 周，提交毕业设计研究报告第二稿。

(8) 第 15—16 周，提交毕业设计研究报告终稿。

(9) 第 17—18 周，毕业设计答辩。

以上进度计划安排仅供参考，具体进度安排，要根据学院总体计划来定。

第二节　毕业设计开题报告

“良好的开端，是成功的一半。”开题报告是非常重要的，因为开题报告有助于本科生熟悉一项工作所需的流程和方法，对本科生是一项工作流程与标准化的训练。开题报告的主要作用就是要说明为什么选这个题目，选这个题目有什么意义，如何实现预期目标，在实现过程中要解决的关键问题是什么以及对进度进行合理规划。开题报告不一定面面俱到，但一定要明确研究内容、所采用的主要方法和技术路线。开题报告的主要内容都要按“规定动作”来设计。

概括起来，开题报告主要包括选题依据、文献综述、研究方案三大模块。“选题依据”是说明“凭什么要做这项研究”，文献综述是说明“为什么要做这项研究”，“研究方案”是说明“用什么来做这项研究”。

一、选题依据

(一) 选题来源

此部分主要是介绍毕业设计的选题由来，一般有三个来源：一是自己选题，二是导师命题，三是和导师商量选题。自己选题主要是根据自己文献阅读体会以及实习单位的实际需要来确定；导师命题多是根据导师的企业管理研究选题需要来确定；在没有合适选题的时候，学生就要和导师商量确定。

（二）研究背景

研究背景是指关于毕业设计选题的背景和来龙去脉，一般可以先从现实需要方面去论述，比如从宏观层面说明是社会的现实需要，中观层面是行业的现实需要，微观层面是企业生产的现实需要。研究背景关注的是现实问题，重点是要解决企业管理现实中存在的问题，不能与“文献综述”等同。研究背景的写作应围绕主题，言简意赅，突出重点，实事求是。

（三）研究目的

此部分要注意避免和研究意义混淆。研究目的是毕业设计的研究所能达到的结果、解决的问题、实现的目标等；而研究意义是该选题研究在理论上、实践上对此领域会做出什么样的贡献、对谁有价值和有什么样的价值。

（四）研究意义

研究意义一般从理论和实践两个方面来写，但很多时候会容易将两者混淆，有的把理论意义写成了实践意义，有的把实践意义写成了理论意义。为此，需要把二者区分开来，厘清二者的关系。理论意义是指，这项研究工作丰富或发展了什么方面的理论，譬如激励理论、期望理论、公平理论、人际关系理论等，或是丰富、发展、完善了某个方面的研究。实践意义一般是指，这项研究所解决的问题给企业带来的经济价值、社会价值等。毕业设计的研究意义主要是实践意义。

在写研究意义的时候，一定要注意表达恰当，切忌用“填补、弥补……空白”这样的夸大其词的语句，要明白自己所做的研究最多就是一点点的“修补”而已。

二、文献综述

（一）文献综述

文献综述为研究问题提供了一个清晰的、具有逻辑脉络的背景知识，要说明已有的文献研究与本项目研究问题之间存在的关联性、连续性。研究入门者在撰写文献综述时，容易出现两个误区：一是文献综述不以所研究的问题为中心展开，没有抓住核心点去综述；二是大量简单罗列、堆砌相关资料，对文献“述而不评”。

好的文献综述，绝不是相关资料的简单堆砌，更不是与研究问题无关的程式化综述。如果不考虑文献综述与自己研究的问题之间的相关性，就会出现“毕业设计研究报告前后两张皮”的现象。但实际上，文献综述里要包含两项内容：一是充分的文献搜集，以了解相关的研究进行到哪里；二是指出现有研究的缺失或不足，找到自己研究的定位。“充分的文献搜集，再加上一些评述”，才称得上一篇好的文献综述。因为研究设计的各个组成部分之间是互相连接、共为一体的，所以一项好的研究设计，应寻找文献综述与研究问题的逻辑衔接点。

总之，文献综述要做到“有评有述”，即资料呈现中要有线索、有逻辑、有筛选。另外，因为研究设计关注研究视角及研究方法，文献综述也应包括研究视角及研究方法的综述。

（二）初步设想及突破点

初步设想主要是研究的主要思路、技术路线，是研究的一个总体构想和安排。一般来说，研究的总体思路是“提出问题—分析问题—解决问题”，如果有技术路线，可以用技术路线图更加具体详细地将问题如何提出、如何分析、如何解决一一画出来。

突破点一般是指要达成研究目的所要解决的关键问题、研究的关键环节，是制约项目研究的瓶颈。

（三）主要参考文献

在计划任务书中已有此部分内容，写开题报告时，要对文献的内容与格式做进一步的补充和完善。在计划任务书里所列的参考文献，会存在关联性不强、不够精准的现象，而在写开题报告的时候，通过文献综述，就能够筛选出与选题研究高度相关的文献来。

这部分最容易出问题，也是最容易被忽略的地方。重点需要注意避免出现两方面问题：第一，为了凑参考文献而将无关的参考文献列出，主要表现在所列的参考文献与题目无关，或者有相关性但没有在开题报告中引用；第二，参考文献引用不规范，格式不统一，尤其对于期刊论文而言，不仅缺少卷号或者期号，甚至连页码也缺失。

三、研究方案

（一）研究内容

开题报告中的研究内容要明确具体，应以提纲的形式呈现，是将来毕业设计研究报告的目录提纲。研究内容各部分之间，一定要注意体现出逻辑性、关联性和完整性。可以参考已有的比较好的范本的样式，结合自己所要进行的研究灵活设计。

（二）研究方法

写清楚为解决研究过程中出现的科学问题、技术难点而采用的基本研究方法。一般包括文献研究法、观察法、问卷调查法、访谈调查法、资料分析法、统计分析法、历史研究法、比较研究法等。

（三）可行性论证

对开展毕业设计研究活动所需要的个人条件和组织条件进行分析论证，包括如下方面。

（1）个人条件。学生掌握了分析解决人力资源管理实际问题所需要的专业知识、专业技能和研究方法，在企业现场实习有利于开展调查研究，具有计算机、移动存储盘、电话、打印机及网络等必要的硬件支持。指导老师拥有扎实的专业理论知识和实践经验，能够对学生毕业设计研究提供有效的指导。

（2）组织条件。企业同意学生开展毕业设计研究活动，并有校外导师提供实战指导。

（四）研究进度

主要是给自己定个目标和研究计划时间表，规定在哪个时间段应该实现或者完成哪些任务。由于毕业设计的时间不是特别长，可以用周来安排进度，也可以用具体的日期来安排进度。计划的时间不宜过长也不宜过短：过长可能导致其目标性不强；过短可能导致目标实现不了，缺乏指导意义。具体的研究进度可以参照任务书中的计划进度，并在学院规定的时间内进行适当调整。

第六章　毕业设计调研

人力资源管理专业毕业设计的研究内容一般是一个组织具体的人力资源管理实际问题，充分了解研究内容的详细情况是毕业设计的关键点，科学系统的调研也是学生毕业设计中必不可少的研究过程。围绕毕业设计选题，学生在充分开展文献研究的基础上，需要综合运用所学的专业知识和科学的调研方法开展毕业设计调研。指导老师在如何开展毕业设计调研方面需要给予学生指导，遵循合理的调研原则，采用合适的调研方法，按照科学的调研流程开展好毕业设计调研，并做好调研数据分析，以便有效支撑毕业设计。

第一节　毕业设计调研的原则

（一）导向性原则，主题明确

毕业设计调研是通过一定的方式向调查对象调研相关问题，所以，调研的问题必须是与毕业设计研究内容有密切关联的问题。这就要求在调研设计时，重点突出，避免可有可无的问题，并把主题分解成更详细具体的几方面内容，供调查对象选择，要有明确的导向性。

（二）系统性原则，结构完整

在开展毕业设计调研时，要设计好调研的整体结构，要符合系统性原则，要整体思考毕业设计调研的内容，以整体目标实现为调研的准绳，充分考虑调研对象的特点，采用不同的方法，协调各调研内容之间的相互关系，使系统结构完整、平衡。人力资源管理专业毕业设计调研一般会综合运用资料分析法、观察法、问卷调查法、访谈法等，并对调查搜集到的大量数据资料进行分析、综合、比较、归纳，从而得出有价值的研究结论，为毕业设计提供所需要的真实数据和信息。

（三）操作性原则，易于接受

在开展毕业设计调研时，要讲究调研的可操作性，调研设计必须让调查对象在心理上容易接受，明确告诉调研对象调研的目的，让调研对象了解调研的意义和重要性。调研要让调研对象感受亲切、温和，涉及访谈提问的要自然、顺理成章、易于回答，同时考虑增加一定的趣味性，必要时可以采用一些物质鼓励，并遵循保密要求，以消除调研对象的心理压力，使其自愿参与、认真参与。

有效的调研设计除了考虑到易于接受外，还须考虑调研后的整理与分析工作。一是调研数据是便于统计和利于结果呈现的；二是须事先考虑对调研结果进行适当分类和解释。

第二节　毕业设计调研的方法与流程

一般而言，人力资源管理专业毕业设计调研对象是一个组织的人力资源管理过程中涉及的相关人员，常规采用的多是问卷调查法、访谈调查法。

一、问卷调查法

问卷调查法是指通过制定详细周密的问卷，请被调查者据此进行回答以收集信息和资料的研究方法。问卷调查法是毕业设计调研中采用最频繁的一种基本方法，可以看作一种书面形式的访谈。

这种方法主要用设计好的问卷，请调查对象作出填答，从而获得调查对象对某一现象或问题的看法和意见。比如人力资源管理毕业设计中了解某企业的人力资源现状和问题（如招聘需求、培训现状、薪酬待遇现状等）、企业人员对制度的满意度评价、管理者对员工的能力评价等问题都可使用问卷调查法。

（一）调查问卷的形式

调查问卷的形式一般有结构式、开放式和综合式三种。

（1）结构式问卷。又称为封闭式问卷，即问卷不仅要设计问题，还要设计供调查对象选择的封闭选项。封闭选项指的是包含了所有可能性的选项，这是学生在问卷设计过程中容易忽视的问题。结构式问卷的题型包括判断型（选项包含两种极端情况，如“对”和“错”、“是”和“否”）、选择型（选项包括一种或者多种答案）和排序型（调查对象自己确定选项次序）。

（2）开放式问卷。一般仅设计问题，不设计选项，让调查对象结合对问题的思考自由阐述观点和想法。问卷的题型包括填空型和问答型。

（3）综合式问卷。综合结构式和开放式问卷的优点和不足，对明确的问题，采用结构式问卷，提供确定的选项；对于不是很明确的问题或者希望进一步深入调研的问题，采用开放式问卷。

综合对比来看，结构式问卷的优势在于标准化程度高，回收率高，易于统计，劣势在于缺乏灵活性、深入性。开放式问卷的优势在于能充分发挥调研对象的主动性、创造性，劣势在于不易统计、标准化程度低、耗时。综合式问卷综合了结构式问卷和开放式问卷的优劣势。人力资源管理专业毕业设计的调研要结合具体的调研对象和调研内容选择不同的调研形式，甚至对不同对象可以采用不同的调研形式。

（二）调查问卷的结构

调查问卷的结构一般包括标题、说明语、问卷题目、结束语等内容。标题一般要体现毕业设计研究的选题、研究内容，标题要简洁明了、主题突出，让调查对象能一目了然地了解调研的主题。说明语一般包括对研究目的的简单说明和填写问卷的注意事项。问卷题目是问卷的核心部分，结合问卷的形式设计问题和问题选项（结构式），说明性的问题（开放式）、结构式问卷需要采用标准化的格式设计选项，以便于数据统计。结束语一般是对调查对象参与问卷调查表示感谢。

（三）调查问卷的设计步骤

在调查问卷的设计步骤中（如图 6－1 所示），比较关键的是问卷的整体构思，问卷设计需要一定的逆向思考，从“希望了解什么问题”到“谁知道这些”再到“怎么问更合适”以及“得到的信息能否支撑有效分析”的逆向思考过程。根据毕业设计选题，明确调查目的，选择调查对象，选择合适的问卷类型。

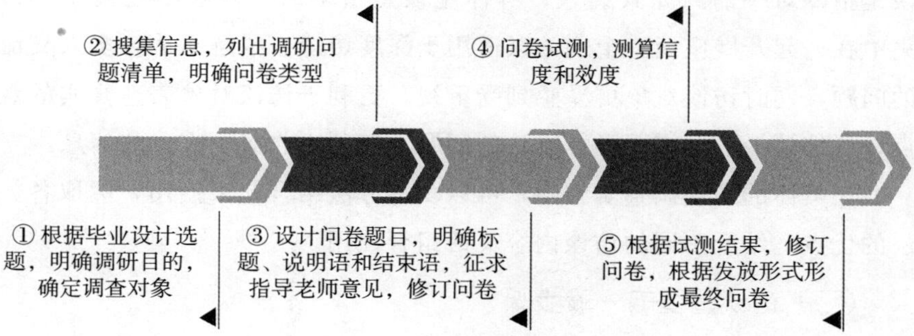

图 6－1　调查问卷的设计步骤

二、访谈调查法

访谈调查法是指通过与调查对象交谈以收集信息的一种调研方法。访谈调查法与问卷调查法一样，都是与调查对象进行沟通的一种方法，目的都是有效收集研究所需要资料和信息；不同的是问卷调查法是以书面语言的形式来收集信息，调查对象先读后写，而访谈调查法是通过语言沟通的方式来收集信息，调查对象先听后说。

问卷调查法是毕业设计调研中最常用的一种方法，优势在于标准化和高效性，但在社会科学研究领域，如人力资源管理专业的毕业设计调研经常需要了解人员的真实想法以及深度的信息反馈，这些信息通过问卷调查法往往效度和信度不高，这时就需要以访谈调查法为补充开展调研。

（一）访谈调查的形式

根据不同维度，访谈调查可以分成不同的形式。

（1）根据可控性，可以分成结构式访谈与非结构式访谈。结构式访谈是事前设计好访谈提纲，向访谈对象逐一提问，访谈对象按提问回答，访谈者控制进度和内容；非结构式访谈事先不固定访谈的内容和问题顺序，与访谈对象自由交谈，但访谈前也要确定一个谈话主题，这种形式适合深度调研，如动机、态度和价值观方面的调研。

（2）根据访谈对象的数量，可以分成个别访谈和群体座谈。个别访谈是指一对一的封闭式访谈；群体座谈是指多人（一般不超过 10 人）集中在一起开展座谈。个别访谈适用于深度访谈，了解不适合多人交流的问题，同时访谈对象更易感到受重视，更利于访谈对象表达真实的观点；群体访谈适合需要群体讨论的问题，有利于收集更充分的信息。

在具体的访谈调查实施中，可以多种方法结合起来使用，吸取各方法的优点，结合不同的访谈内容灵活组合使用。

（二）访谈调查的一般步骤

在访谈调查的步骤中（如图 6－2 所示），比较关键的是访谈准备环节，要制订好访谈计划、明确访谈的主要内容、设计好访谈提纲、选择适当的访谈方式、选择访谈对象、了解访谈对象的基本情况、安排好访谈时间和地点等前期工作。其中访谈提纲的准备尤为重要。

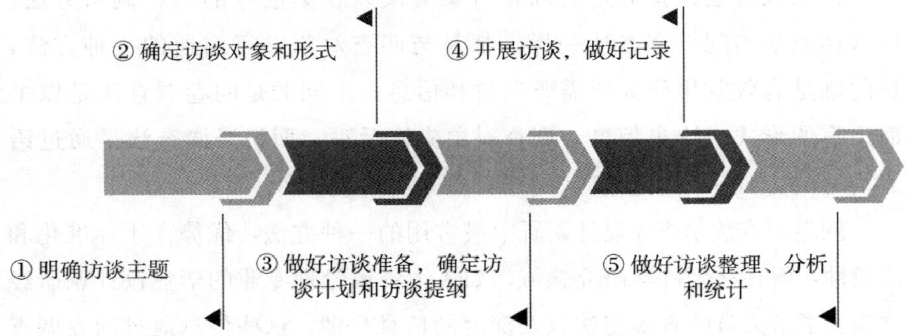

图 6－2　访谈调查的一般步骤

在进行访谈时，一定要明确“为了什么访谈”，要对“提出的问题，能了解到什么情况”“了解这个情况，是为解决什么问题”有充分准备。根据访谈形式的不同，提纲的设计也不同。结构式访谈设计要明确访谈问题的分类标准，而非结构式访谈一般只须列出问题，同时问题的设计要尽量注重口语化。

第三节　毕业设计调研的数据分析

为了更深入地挖掘数据信息，有效地发现、分析和解决人力资源管理的实际问题，毕业设计调研的数据分析需要关注以下几个关键点。

一、梳理清楚数据使用用途

因为毕业设计研究的问题一般是具体的人力资源管理实际问题，所以开展调研的目的一般是在了解现状和问题的基础上，分析原因、找出解决问题的对策、做好优化设计。毕业设计调研的数据分析需要结合调研设计的出发点，对问卷调查和访谈调查收集的数据进行梳理，明确哪些数据是用于描述现状和问题的，哪些数据是用于解释原因的，哪些数据是用于预测趋势的。

（1）描述现状和问题。这是毕业设计调研数据分析的基础，比如某企业发展的基本情况、人才队伍的基本情况、招聘渠道建设的现状和问题、薪酬水平的现状和问题、绩效管理的现状和问题等。

（2）解释问题的原因。这是毕业设计数据分析的枢纽，是深入分析现状和问题并提出解决方案的依据。在企业人力资源管理方面，很多问题都需要通过数据分析来支撑，存在的问题和发生的变化都是有原因的。比如很多企业经常遇到的人员流失率上升的情况，有可能是薪酬待遇问题，有可能是职业发展问题，也有可能是企业文化问题，薪酬待遇问题又存在保障性、公平性和激励性问题的可能性，这些就需要通过数据分析来找出真正的原因。

（3）预测问题发展和对策影响的趋势。这是毕业设计调研数据分析的关键，是根据问题的原因提出解决方案的依据。在对人力资源管理工作数据的历史回顾、现状分析和未来预测中，能够看到招聘管理、绩效管理、薪酬管理等问题和解决方案的变化趋势。

在毕业设计调研数据分析实践过程中，可以就某具体问题单方面分析，也可以三者组合运用，或者合而为一，同时进行分析，需要结合具体的应用情境综合考虑。

二、应用合适的数据收集和分析方法

根据数据收集的用途，调研问卷分为基础信息题目、行为特征题目、核心研究变量题目、其他题目几种类型，根据分析的目标，不同类型题目需要采用合适的分析方法。

（1）基础信息分析和样本行为特征类题目。如人口统计学变量，包括性别、年龄、学历、职业、认知态度和行为倾向等，对这些题目可以进行基本的频数分析和描述性分析。

（2）核心研究变量题目。如采用李克特量表题，需要进行指标归类分析，明确研究变量具体应该分为多少个维度，如果不完全确定，就使用因子分析进行浓缩，得出几个维度，并且找到维度与题项的对应关系，同时此步也可以检验量表的效度。

（3）检测数据是否可靠，信度的检测也是有必要的。可以通过计算 *Cronbach* α 系数，来测量题目间的内部一致性信度，*Cronbach* $\alpha \geqslant 0.8$ 的量表信度非常好；*Cronbach* $\alpha \geqslant 0.7$ 的量表的信度较好；*Cronbach* $\alpha \geqslant 0.6$ 的量表需要修订，但仍不失其价值；*Cronbach* $\alpha < 0.6$，量表信度不佳，需要重新设计题项。

（4）效度。效度是指一个测验或量表实际能测出的所要测量内容的程度，即测验达到测验目的的程度。对量表效度进行检验，可了解量表设计得是否合理。结构效度是指测量题项与测量维度之间的对应关系。

测量方法有两种：一种是探索性因子分析，另外一种是验证性因子分析。通常效度检验（因子分析）输出结果包括：KMO 检验和 Bartlett 的检验结果、方差解释率表格、因子载荷系数表格、碎石图等。

（5）数据可靠，并且研究量表有效之后，接着需要对具体维度进行描述分析，研究样本人群对于量表项的基本态度情况。可通过计算变量的平均值来分析，有时利用折线图来展示变量的平均值排序情况。

（6）接着可以进一步开展相关性分析，即两两变量之间的相互关系，即通过相关分析去研究变量之间的关系，包括是否有关系和关系紧密程度。在数据有相关性的前提之下，可以进一步开展回归影响关系分析。因此，回归分析需要放在相关分析之后，并且通常情况下使用回归分析去验证假设；有可能还需要对比不同人群，比如性别、年龄等不同群体，他们对于态度差异情况开展差异分析，一般可使用方差分析，或者 t 检验等进行分析。

第七章　毕业设计研究报告的撰写

人力资源管理专业毕业设计研究报告是集中反映学生研究人力资源管理实际问题的书面报告，它以文字、图表等形式将研究的过程、方法和结果表现出来，目的是告诉有关读者，对于所研究的问题是如何发现、分析和解决的，提出了什么管理方案，方案的科学性、现实可行性如何等。

在完成文献研究和调查研究的基础上，学生把毕业设计以研究报告的形式呈现出来，是锻炼自己系统思考力和高效表达力的重要手段。研究报告撰写的质量不仅直接影响指导老师、评阅老师和答辩老师对毕业设计的评分评优，而且影响学生开展毕业设计工作的成就感。

第一节　研究报告的结构

与作为学术性研究报告的毕业论文不同，毕业设计属于应用型研究报告，经常借助统计图、统计表等，强调直面问题，对研究过程的介绍简洁清晰，对研究结果的呈现直观明白，对设计方案的解析细致准确，有针对性地解决相关人力资源管理的实际问题。毕业设计研究报告一般由下列七部分构成。

一、绪论

主要说明所研究的问题和背景、研究的目的和意义、研究方法。

（1）研究的问题和背景。研究的缘起常常是学生在实习单位工作期间发现一些人力资源管理的实际问题。问题反映现状和目标的差距，问题的影响超越企业承受的损失范围被界定为问题，问题既有行业的共性特点，也有企业的个性特点，会对企业发展产生不利的影响，解决问题具有必要性、重要性和紧迫性。必要性反映问题解决的现实要求，不解决就会给企业多造成损失；重要性反映问题解决的价值要求，解决了会有力地推动企业发展；紧迫性反映问题解决的时间要求，晚解决一天就会给企业多造成一天损失。

（2）研究的目的和意义。目的反映了研究的起点，说明研究要解决哪些具体的人力资源管理痛点问题；意义反映了研究的终点，说明毕业设计方案对谁有价值，有什么价值。

（3）研究方法。说明研究过程中收集、分析数据和资料，提出设计方案的具体方法。

二、文献综述

回顾前人的相关研究成果，为概念界定、研究设计、研究结果的解释框架、问题解决方案的设计提供科学依据。

三、现状调研

说明调研所采用的方式方法、研究程序和工具等，主要包括以下方面。

（1）调研设计。与问卷调查法、访谈调查法、资料分析法对应，解释清楚问卷、访谈提纲、资料收集清单的逻辑结构，为研究结果汇报结构指明方向。

（2）调研过程。描述清楚调研对象的总体、样本及抽样方法、抽样过程、信息收集的渠道和时间。

（3）调研结果。按调研设计的信息收集结构，汇报经统计处理的数据或归纳总结的定性信息。

（4）调研结论。调研结论围绕调研设计的信息收集结构，反映人力资源管理的实际问题表现在哪些方面，严重程度如何，有哪些原因。

四、问题解决方案

针对调研结论，提出解决问题的具体操作方案，表现为优化后的制度条款、流程环节、管理表单、管理行为等。

五、摘要

简要总结上述四个方面的内容，回答“为什么研究”“通过文献研究，综述了哪些研究成果”“通过调查研究，发现了哪些问题，其主要原因是什么”“针对性设计了哪些优化方案”等。

六、参考文献

参考文献反映毕业设计的取材来源、材料的广博程度和材料的可靠程度，体现对他人知识成果的承认和尊重，并向读者提供一份有价值的信息资料。按照体例要求，列举研究报告涉及的专著、期刊文章、报纸文章、研究生学位论文、网络文章等。

七、附录

列举研究过程中用到的调查问卷、访谈提纲、企业资料清单等。

除了上述七部分内容外，还有两部分内容需要注意：一是目录，一般按三级标题编写，要求标题层次清晰，目录中的标题应与正文中的标题一致；二是谢词，应以简短的文字对在选题研究和毕业设计研究报告撰写过程中曾给予帮助的人员（例如校内外指导教师、答疑教师及其他人员）表示自己的谢意。这不仅是一种礼貌，也是对他人劳动的尊重，是治学者应有的态度。

第二节　研究报告正文

一、绪论的撰写

绪论是研究报告的第一部分，通常包括三方面内容。

（一）研究的问题及其背景

研究报告应从所提问题的描述开始。因为正是这一问题启动了我们所进行的研究。这部分要清楚地陈述我们所研究的问题是什么和为什么研究这个问题，要将这个问题放到企业发展的大背景中，以说明这个问题值得研究。例如一份研究某企业教育事业群员工离职管理优化方案的毕业设计，在设计背景中，首先介绍了某企业情况、教育事业群组织和人力资源配置情况；其次，介绍了自己的实习时间、岗位；最后，描述自己发现的员工离职问题及其影响，说明研究解决员工离职管理问题的必要性、重要性和紧迫性。需要注意的是，对只有企业内部人员听得懂的名词简称要说清楚，便于读者理解，例如企业岗位序列 P（profession）是指专业序列，M（management）是指管理序列。

（二）研究的目的和意义

研究目的要描述清楚解决什么问题、提出什么方案、达到什么效果，研究意义的挖掘要针对问题解决方案给利益相关方带来哪些价值。例如某企业教育事业群员工离职管理优化方案对企业的意义在于降低员工离职率，树立良好的雇主品牌形象，具有一定的人才开发价值，能更好地帮助已离职员工回流；具有一定的知识管理价值，能够推动知识经验技能的交流与分享，帮助挖掘潜在客户，发现新的商业合作机会；具有一定的品牌推广价值，帮助提高员工体验感。对在职员工来说，具有一定的管理价值，帮助事业群深挖离职原因，推动管理改善，增强在职员工的工作体验感并提升员工的满意度。

（三）研究方法

围绕文献研究、调查研究和方案设计，讲清楚每一种方法的使用场景、工作内容和发挥的作用。例如文献法，利用学校图书馆藏书、中国知网数据库，收集、阅读和综述了与××主题相关的文献，为毕业设计奠定理论基础，提供撰写思路。

二、文献综述的撰写

与研究的问题和背景呼应，文献综述是对问题领域公开发表的研究成果进行总结和评价，向读者提供有关研究问题的另一种背景。在文献检索阶段，我们完成了文献的查找、筛选、阅读工作；在撰写开题报告时，我们进行了初步的文献回顾；到撰写研究报告时，我们需要对相关文献进行系统的评论。

文献综述的撰写需要精心组织和安排，不能简单地罗列相关文章的摘要，更不能将他人的文章逐字逐句地复制粘贴。我们必须花时间认真仔细地阅读每一篇有关的文章，消化吸收其中和自己的研究密切相关的内容，用更加简练易懂的语言总结文章的观点。值得注意的是，在不同的文章中，同一名词的内涵、结构和测量存在差异，必须对本研究报告中的概念进行准确界定。

三、现状调研的撰写

对人力资源管理具体工作现状和实际问题的调查研究是毕业设计研究报告的关键部分，说明采取了哪些调查研究方法，使用了什么研究工具，实际过程是如何做的，得出了哪些研究结果，读者据此评判这项研究是否科学，是否有价值。

现状调研报告分为四个部分，每部分包含的内容和写法如下：

（1）调研设计。以问卷调查法、访谈调查法、资料分析法为主线，写清楚调研工具设计的思路，要明确调查分几部分，每部分包含几个题目，分别在收集什么信息，对问卷调查问题测量的变量必须有明确的操作定义、对应的测量问题和计分方法。

（2）调研过程。说明如何与调研对象接触并获取有效信息的过程。

首先，要对调查样本做全面的介绍，例如抽样总体的界定、具体抽样方式和过程（如被调查者的职级、部门、岗位等）、样本规模（实际调查的人数）、回答率或回收率等。其次，要描述清楚不同调研方法实施的时间、地点、经过。最后，要客观地说明研究过程受到哪些限制，调研存在的一些局限性。

（3）调研结果。将不同调研方法得到的信息进行结构化呈现，描述人力资源管理具体工作指标的现状，如员工离职情况，可先给出总体的、一般性的陈述，然后才是个别的、具体细节的描述。一方面，列出调研结果总体的关键数据或基本情况，如总体离职人数、离职率和趋势；另一方面，具体汇报详细的情况，如从职级、职类、部门、年龄、工龄等方面分析离职率的差异。

（4）调研结论。根据调研结果，分析人力资源管理具体工作指标的现状与期望状态的差距，即找到实际问题，并分析其原因，如员工离职的总体原因、员工离职的各类差异的原因。

四、问题解决方案的撰写

受学生在实习单位的岗位级别、保密要求、企业文化等因素的限制，学生提出的问题解决方案会局限在思路分析或策略描述上，在具体可操作的管理行为上难以进行系统设计，需要校外导师、企业导师提供实战指导。在撰写人力资源管理问题解决方案时，必须针对调研结论对问题的原因进行分析，有的放矢，提出现有管理措施的优化办法，如把员工离职管理看作一个系统，而不是一个项目，提出员工离职预警、离职沟通、离职员工关系维护的办法。

第三节　摘要、参考文献及附录

一、摘要

摘要放在研究报告的最开头，中文摘要在300字左右，外文摘要以250个左右实词为宜，单独作为一部分，与研究报告主体部分分开。摘要包括研究背景、方法、结论和设计方案要点。受字数限制，每一句话都要十分明确和恰当，明确重点突出哪些内容和略去哪些内容。

示　例

员工离职管理既是吸引、选择和发展企业所需人才的重要工作，也是塑造、维护和传播雇主品牌形象的重要手段，本文以××公司教育事业群2020年328名离职员工为研究对象，以文献法和调查法为研究方法，发现离职的原因主要是职业发展及薪资福利问题，有针对性地提出员工离职预警、员工离职沟通和离职员工关系管理优化方案。

二、参考文献

在研究报告的结尾处，通常要列出与报告相关的参考文献，即我们在研究过程中阅读、评论、引证过的文献。这样做一方面体现了科学的、实事求是的研究态度，另一方面也为同一领域的研究者提供了一个可供参考的文献索引。在列举参考文献时，必须符合学校根据国家标准提出的中文和英文文献格式体例要求。毕业设计的参考文献不宜过多，但应在15篇以上，其中外文文献在1篇以上。

示　例

［1］倪渊．新生代知识型员工离职倾向影响因素——基于互联网创业公司的实证研究［J］．北京理工大学学报（社会科学版），2017（1）：108－115.

三、附录

附录是将一些与研究报告有关、运用相对独立、主要对研究过程和研究报告中的某些细节进行解释和说明的材料集中编排在一起，放在报告的后面，作为正文的补充，与研究报告主体分开，既不影响读者阅读研究报告，又可以帮助读者更好地了解研究细节。附录列举的资料主要有：调查问卷、访谈提纲、资料收集清单、人力资源管理制度文件和表单。这些材料之所以被放在附录中，一方面是因为这些材料和研究报告的主题相关性较小；另一方面是因为它们的内容较多，放入报告正文会打乱报告的结构和层次。这些材料可以帮助有兴趣的读者深入了解研究的各种技术细节，或者回答研究者在报告正文因省略某些内容而产生的疑问。

第四节　撰写研究报告应注意的问题

一、行文规则

（1）用简单平实的语言撰写。研究报告撰写质量的评价标准具有客观性、准确性、严密性、简洁性，要求以简单明了、科学严谨的文字描述，配合直观的图表展示，清楚明确地表达研究的结果。

（2）陈述事实力求客观，避免使用主观或感情色彩较浓的语句。叙述中最好使用第三人称或非人称代词，尽量不用第一人称，比如用“作者发现”“笔者认为”“结果显示”“结果表明”“表 1 数据说明”等，而不用“我认为”“我们发现”等。

（3）以一种向读者报告的口气撰写，而不是表现出力图说服读者同意某种观点或看法的倾向，更不能把自己的观点强加于人。因为读者关心的主要是研究结果和发现，而不是研究者个人的主观看法。尽管在研究结论的阐述中离不开作者个人的主观分析和思考，但各种研究结论的得出不能是作者个人主观看法的延伸，而只能是研究资料和客观事实的逻辑结果。

二、引用与注释

研究报告中有时需要援引别人的论述、结果、资料或数据，来支持、佐证或说明自己的一些观点和结论。从尊重知识产权的角度考虑，凡是引用别人的资料，一定要注明来源。引用的具体方式主要有两种：

一是引用别人的原话、原文时，要将别人的原话、原文放入引号内，再用注释说明；二是只引用别人的观点、结论而非引用别人的原话、原文时，则不用引号，但需要在其后用注释注明。

对于报告中引用的某些不容易理解的内容和概念，常常通过加注释进行说明。注释的作用主要有：指出所引用资料的来源，供读者参考查证；表示作者遵守学术道德，不把别人的成果据为己有；既可以帮助读者解释报告中的疑问，又不使报告中断和过于冗长。

毕业设计研究报告中注释的形式主要有两种，即夹注、脚注。夹注即直接将相关说明或所引资料的来源放在圆括号中，插入正文。

示　例

如华为公司学习借鉴 IBM 的 BLM 模型（业务领先模型 Business Leadership Model），发展了自己的 HRBP 战略体系（陈洪权、陈舒文，2015）。

注明研究者和年代的夹注要与参考文献呼应，如就上面的示例而言，应在参考文献中列出：陈洪权，陈舒文．人力资源部被“炸掉”之后——基于 HRBP 战略本土化转型思考［J］．中国人力资源开发，2015（20）：16－21.

脚注即在所引的资料处右上角标注注释号，用①②③等来标明，然后在该页的最下端，用小一号的字体分别说明引文的出处、时间等情况，或作出有关的解释。

第八章　毕业设计评审答辩和考核评定

第一节　毕业设计评审

2018 年，《教育部关于狠抓新时代全国高等学校本科教育工作会议精神落实的通知》中明确提出，“要切实提高高校毕业设计质量”，要求“强化指导教师责任，加强对学生选题、开题、答辩等环节的全过程管理”。但目前各高校对本科毕业设计的评审和答辩大多流于形式，既无具体明确的评定细则，又缺乏相应严格的考评机制，因而在毕业设计评审过程中会产生许多不合理的问题。因此，为切实提高高校本科毕业设计质量，针对本科毕业设计的现状及存在的问题，本章给出了本科毕业设计评审及答辩的具体内容及详细流程。

一、指导教师评审

指导教师对学生的毕业设计进行全过程指导，对学生的投入、过程、产出等情况有全流程掌握，可对所指导学生的毕业设计进行全方位评价。因此，可依照“指导教师评审参考标准”（见表 8－1）对学生毕业设计文献检索及综述、选题价值及意义、研究报告格式与质量、学习态度及毕业设计进度、解决问题水平与创新等方面进行评审，给出成绩及评语并填写“指导教师对毕业设计研究报告质量评价表”（见表 8－2）。

表 8－1　指导教师评审参考标准

1.文献检索及综述（20分）

（1）文献收集、整理能力强，查阅文献数量符合要求，15~20分。

（2）文献收集、整理能力一般，查阅文献数量基本符合要求，10~15分。

（3）不符合（2）的10分以下。

2.选题价值及意义（20分）

（1）题目范围、难度适中，注重解决人力资源管理实际问题，15~20分。

（2）题目范围、难度尚可，较少涉及人力资源管理实际问题，10~15分。

（3）不符合（2）的10分以下。

3.研究报告格式与质量（30分）

（1）研究报告撰写格式完全符合规范，结构严谨，逻辑性强，图表完整，20~30分。

（2）研究报告撰写格式在符合规范化，质量方面表现一般，10~20分。

（3）不符合（2）的低于10分。

4.学习态度及毕业设计进度（20分）

（1）学习努力，能按照规定进度完成任务，15~20分。

（2）学习态度一般，勉强能按照规定进度完成任务，10~15分。

（3）不符合（2）的10分以下

5.解决问题水平与创新（10分）

（1）研究报告有独特的见解，有较高的解决问题水平或一定的创新，10分。

（2）研究报告有少量的新见解，解决问题水平一般，5分。

（3）不符合（2）的2分。

表 8－2　指导教师对毕业设计研究报告质量评价表

选题名称					
学生姓名		专业班级		学号	
序号	评分内容	具体要求		总分	评分
1	文献检索及综述	查阅相关文献，分析理解各类信息，获取知识能力		20	
2	选题价值及意义	选题切合专业人才培养目标，具有一定理论与现实意义		20	
3	研究报告格式与质量	研究报告撰写格式符合规范，结构逻辑严谨合理；图表清楚，符合规定字数要求		30	
4	学习态度及毕业设计进度	学习努力，严格遵守相关纪律，能按期圆满完成任务		20	
5	解决问题水平与创新	有创新意识及独特见解，研究报告有一定应用价值		10	
是否同意参加答辩：				总分	
评语： 指导教师（签名）： 日　期：					

二、评阅教师评审

评阅教师虽然无法全面掌握学生毕业设计的投入情况与过程表现，但可站在独立的、专业的视角对毕业设计研究报告质量进行评判。可依照“评阅教师评阅参考标准”（表 8－3）对学生毕业设计选题价值及意义、研究报告质量、格式规范及解决问题水平与创新等方面对毕业设计进行评阅后，填写“评阅教师对毕业设计质量评价表”（表 8－4）。

表 8－3　评阅教师评阅参考标准

1.选题价值及意义（20分）

（1）题目范围，难度适中，注重解决人力资源管理实际问题，15~20分。

（2）题目范围，难度尚可，较少涉及人力资源管理实际问题，10~15分。

（3）不符合或低于（2）的10分以下。

2.研究报告质量（40分）

（1）研究报告结构严谨，逻辑性强，语言准确，图表完整，30~40分。

（2）研究报告在上述质量方面表现一般，20~30分。

（3）研究报告在质量方面表现较差，20分以下。

3.格式规范（20分）

（1）研究报告撰写格式完全符合学院要求规范，15~20分。

（2）研究报告撰写格式基本符合学院要求规范，10~15分。

（3）不符合（2）的10分以下。

4.解决问题水平与创新（20分）

（1）研究报告有独特的见解，有较高的解决问题水平或一定的创新，15~20分。

（2）研究报告有少量的新见解，解决问题水平一般，10~15分。

（3）不符合（2）的10分以下。

表 8-4 评阅教师对毕业设计质量评价表

选题名称					
学生姓名			专业班级	学号	
序号	评分内容	具体要求		总分	评分
1	选题价值及意义	选题切合学生本专业培养目标；具有一定理论与现实意义		20	
2	设计质量	设计应立论严谨、推理有据、层次分明、文字简练、材料翔实、数据可靠、叙述清楚、图表清晰、结论正确，符合要求		40	
3	格式规范	依据学院要求对设计研究报告的格式进行排版，符合研究报告撰写规范		20	
4	解决问题水平与创新	有创新意识及独特见解，研究报告有一定应用价值		20	
				总分	
评语： 评阅教师（签名）： 日 期：					

第二节　毕业设计答辩

一、前期准备工作

前期答辩准备工作主要包括成立答辩委员会、答辩资格审查、签写诚信承诺书、答辩分组等，具体内容要求如图 8－5 所示。

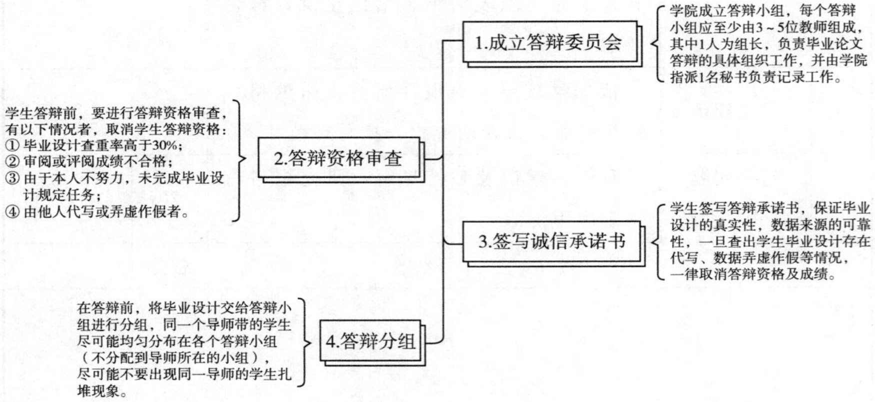

图 8－5　答辩会前准备工作

二、答辩组织实施

学生毕业设计答辩组织实施的具体流程如图 8－6 所示。

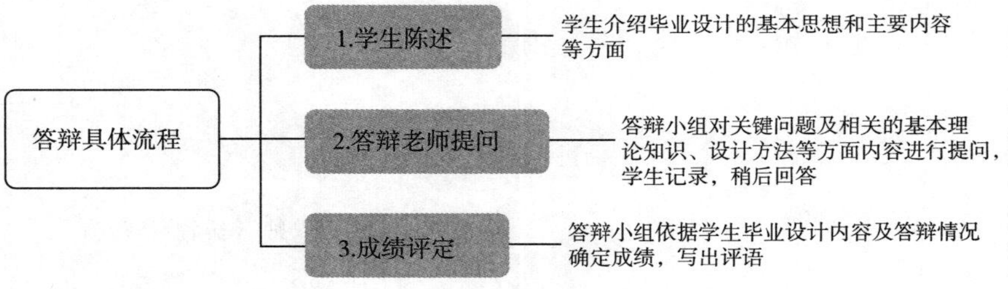

8－6　答辩具体流程

三、二次答辩安排

一次答辩结束后，经对答辩现场资料与成绩评定的汇总分析，分别展开优秀毕业设计二次答辩及较差毕业设计二次答辩工作。

（1）优秀毕业设计二次答辩。基于一次答辩成绩汇总结果，根据答辩小组分数分布情况，初步筛选出参加优秀毕业设计评选的名单，并通知相应学生及其指导教师。参加优秀毕业设计的评选和答辩一般须经学生本人申请，指导教师或评阅教师推荐，在本专业或本学院范围内组织开展优秀毕业设计二次答辩。

（2）较差毕业设计二次答辩。毕业设计资格审查不通过的，如研究报告复制比例高、指导教师或评审教师认为研究报告质量不符合要求的，建议直接进入较差毕业设计二次答辩。此外，根据一次答辩成绩汇总结果，选取答辩小组分数分布情况，筛选出较差的毕业设计名单，并通知相应学生及其指导教师，要求参加较差毕业设计二次答辩。

第三节　毕业设计成绩评定

一、分数计核

由答辩秘书计核学生的毕业设计成绩，根据不同评价主体的评分结果，采用加权平均的核算方式进行综合核算。

计算公式为：

$$Y = X_1 \times 30\% + X_2 \times 30\% + X_3 \times 40\%$$

其中：Y——毕业设计综合评定分；

X_1——指导教师对毕业设计质量评分；

X_2——评阅教师对毕业设计质量评分；

X_3——答辩小组对毕业设计答辩情况评分。（其中 $X_3 = \sum$ 答辩小组各成员评分/答辩小组成员数）。

二、等级评定

毕业设计综合评定分计核完成后，由答辩秘书对本专业各答辩小组学生毕业设计的答辩成绩从高到低依次排序，按照分数段划分为5个等级，如优秀（90～100）、良好（80～89）、较好（70～79）、及格（60～69）、不及格（60分以下）等，根据毕业设计综合评定分布对学生的毕业设计进行相应的等级评定。同时，可采用强制分布法，控制拟评级为“优秀”及“不及格”的毕业设计比例与数量。

第四节　毕业设计评优评差

一、毕业设计评优规范

毕业设计评优工作可参照以下规范开展，结合具体情况适度调整。

（1）学生参加院级优秀毕业设计二次答辩（以下简称“优二辩”）的人数为本专业各答辩小组的前15%（其中，参加评选校级优秀毕业设计的人数不超过本专业各答辩小组的3%）。为规避各指导老师或评阅教师的主观评价偏差，学生名单依据本专业各答辩小组的现场答辩分数从高到低排序确定，不以总成绩排序。

（2）同一个导师指导的学生均可参加优二辩答辩，不限定具体人数。

（3）为公平起见，建议进入优二辩的毕业设计的指导老师，不作为优二辩答辩老师。

（4）学生在参加院级优二辩答辩前，须向学院提交隐去指导老师姓名及致谢等相关信息的研究报告及答辩PPT。

（5）优二辩答辩小组评审成员一般由5位老师组成，考核表登记成绩时须按5人平均分处理；但评选校级优秀毕业设计须删除一个最高分和一个最低分后排序。

（6）根据答辩小组分数分布情况，从参加优二辩的学生中筛选出校级优秀毕业设计名单和院级优秀毕业设计名单，公示无异议后确定名单并通知相应学生及其指导老师。

（7）以“优秀”等次进入二次答辩的学生，两次答辩后，取其中一次最高分来计算总分。

二、毕业设计评差规范

毕业设计评差工作可参照以下规范开展，结合具体情况适度调整。

（1）参加差二辩的学生名单为本专业各答辩小组的倒数第 1～2 名（系主任、答辩小组长根据分数及实际情况确定人数，每小组至少 1 名）。

（2）差二辩的学生名单以本专业每个答辩小组的现场答辩分数排序确定，不以总成绩排序。

（3）进入差二辩的学生，毕业设计成绩一般为不及格（指导教师评分占 30%，评阅教师评分占 30%，答辩评分占 40%）。

（4）根据答辩小组分数分布情况，从参加差二辩的学生中筛选出评定为“差”的毕业设计名单，公示无异议后确定名单并通知相应学生及其指导老师。

案例编

第九章　组织管理优化设计案例

《某地产公司营销部渠道“小蜜蜂”管理方案优化设计》报告

作者：夏琪

（安徽建筑大学公共管理学院人力资源管理专业 2019 届毕业生）

摘　要：“小蜜蜂”拓客是售楼部导客的重要渠道，其“快”“准”“狠”的拓客动作被各大售楼部营销人员所看重，甚至被一些售楼部视为主要的拓客团队。在一些地方的开发区能够看到大量“小蜜蜂”穿梭。本文通过文献研究法，结合各位前辈的优秀管理经验以及行业规则，综述了“小蜜蜂”管理过程中需要改进的地方；通过现场调研，深入“小蜜蜂”工作环境以及团队中，了解其工作内容，发现该地产公司营销部在“小蜜蜂”工作管理和团队管理上存在很严重的问题，分别是在拓客战术、拓客策略、组织架构、拓客动作管理等方面。其原因主要是人员招聘不系统、拓客策略和战术不明确、组织架构不合理、拓客动作管理不精细等。本研究将分别提出有针对性的优化措施，以期为“小蜜蜂”管理提供可行性建议。

关键词：地产公司；“小蜜蜂”；优化方案

一、前言

（一）设计背景

“小蜜蜂”拓客，是房地产行业营销手段中一种硬广告式推广手段之一，其营销手段具有准确性高、性价比高、成交率高的三大特性，故有“开盘一月全报广，卖房全靠‘小蜜蜂’”的业内说法。“小蜜蜂”往往属于拓客的最底层，他们需要像蜜蜂采蜜一样把客户拉到案场。“小蜜蜂”拓客，是楼市的一个衍生产业。为增加售楼处的到访量，开发商会开拓多个线下渠道，“小蜜蜂”是其中之一。近年来“小蜜蜂”因为抢客户的快、准、狠，正被各个楼盘快速接受并大量采用。一些楼盘甚至不做任何营销推广，光靠“小蜜蜂”拉客，便能取得不错的销售业绩。如今也有相当一部分开发企业放弃或减少了正常的营销推广策略，将手段全力转向所谓的“渠道”，他们大都倾向于线下派单和直接拉客的营销方式。

（二）设计目的

本研究根据某地产公司营销部渠道“小蜜蜂”现有的管理方案以及现象，结合笔者亲身经历、行业信息以及人力资源管理方面的专业知识，分析现有管理方案中存在的问题，从人力资源管理专业知识中的人员招聘、“小蜜蜂”拓客管理中的拓客战术、拓客策略、组织架构、拓客动作管理等方面为同类地产公司管理方案优化提供可行性建议，形成优化方案，以此提高“小蜜蜂”拓客效率。

（三）设计意义

（1）理论意义：当前关于“小蜜蜂”管理方案的相关文献很少，笔者基于“小蜜蜂”行业对于地产公司营销的重要性与必要性，对比研究现有某地产公司营销部渠道“小蜜蜂”的管理方案，对某地产公司营销效率提升具有重大的理论意义。

（2）实践意义：本研究通过调查数据描述出该地产公司“小蜜蜂”管理的现状，说明该地产公司在现有的管理中遇到的困难以及存在的问题，同时为同类地产公司现有的“小蜜蜂”队伍发展水平提供可行性建议；描述该地产公司“小蜜蜂”管理方案中的矛盾与问题，便于该地产公司提出行之有效的改善政策，一步步解决案场导客难的问题，有利于地产公司组建高效率的“小蜜蜂”队伍，提升案场楼盘去化率以及销售指标。

二、管理现状

(一)"小蜜蜂"管理现状调研过程

1. 调研计划

为了深入了解该地产公司营销部"小蜜蜂"的日常工作状态，为本次设计方案提供确实可信的研究材料，笔者计划于4月5日对该售楼部案场进行暗调（该售楼部于2019年1月19正式开盘）。暗调的意思是冒充看房客户去参观售楼部，这能够更加准确地了解到内场的销售情况和一些案场"小蜜蜂"的工作情况。此外，本人计划于4月6号约见该案场的渠道小组组长以及"小蜜蜂"队长，并且对他们的各渠道动作进行走访调查。

2. 售楼部暗调

4月5日上午10点，笔者假装看房客户故意在售楼部附近接受外场"小蜜蜂"的搭讪（该类"小蜜蜂"专门蹲守在各售楼部附近拦截客户，被称为竞品拦截"小蜜蜂"），之后顺利进入该售楼部的案场。上午10点本该是客户看房的好时间，但是整个案场除了几名置业顾问和渠道人员，看房客户很少。在参观过程中，笔者发现几个学生模样的兼职，经过询问他们是案场招来的客服兼职，也称为Call客"小蜜蜂"，专门打电话与潜在客户沟通以及邀约潜在客户到访售楼部。在向置业顾问咨询房源剩余情况以及月销量情况时，置业顾问说词含糊不清，有意识躲闪这个问题。其次是房源问题，从问及的房源情况来看，房源很充足。但是笔者需要得到一个大致的数据，特别是渠道成交的数据，这个能直接反映该公司营销部渠道成交的工作效率，也能反映出"小蜜蜂"的工作成果。

3. 渠道专员以及"小蜜蜂"队长约访

在售楼部暗调回来后，第二天下午笔者分别私聊了该售楼部的一名渠道专员和"小蜜蜂"队长，以下是从中获取的信息和数据。

(二)"小蜜蜂"管理现状调研结果

1. 渠道种类

(1) 竞品拦截：早会时，10人左右的"小蜜蜂"队伍在售楼部门口集合，后由渠道组长或者队长开会指派点位，到达点位后各“小蜜蜂”拍照打卡上班。但是该渠道专员反映，这些“小蜜蜂”拍照打卡之后会迅速赶往下一家售楼部打卡上班，存在多家兼职的情况，带访的客户很少且存在“水客”现象，但是渠道组长一般会置之不理。原因在于：第一，由于该地区属于新开发区域，竞品拦截“小蜜蜂”数量很少，很难招到人；第二，只干一家工资收入很低，没有人愿意只干一家，如果强硬要求容易导致人员流失；第三，渠道组长基本无监督，一般开完早会后不会亲自去现场监督管理，“小蜜蜂”基本“放养”。

（2）扫楼派单：扫楼派单是每一个售楼部宣传项目的基本动作，由于覆盖面广、导客快、成本低被很多售楼部作为一项常规性的基础拓客动作。派单“小蜜蜂”一般会在案场周边的一些大型商场或者周边居民住宅楼进行扫楼派单，面向群体是周边的地缘性客户。但是，笔者跟渠道组长和“小蜜蜂”队长的交谈中得知，扫楼派单的对接形式为：渠道经理→渠道组长→“小蜜蜂”队长→“小蜜蜂”，“小蜜蜂”队长也被称为“蜂王”，在他们的管理模式下，蜂王承担了很重要的管理角色，而渠道部门放权于蜂王，“小蜜蜂”的管理以及工资发放基本是“蜂王”在处理。但是笔者约见的这位“蜂王”是这么说的：“大家都是想多赚点钱，只干一家的扫楼一天累死累活才挣 70 块钱，我死掐他们时间他们就不干了，我就招不到人了呀，那我队长就不用做了。”很明显，这种管理模式对扫楼派单“小蜜蜂”的管理松懈，甲方未直接参与管理，只做到了统筹工作但是没有做到监督工作，这种工作效率低下。

（3）Call 客：Call 客的动作过于机械化，工作人群一般是来自周边大学的女学生。她们的工作效率大部分取决于话单的质量，话单一般来源于周边售楼部的来访客户或者周边小区业主。但是对于 Call 客“小蜜蜂”的培训和管理工作也是很重要的，如果一位优质客户打来电话，但是没有好的 Call 客说词，则无法将客户邀到售楼部，效率为零。

（4）商超社区展点：为了更加全面地宣传项目信息，地产公司一般会选择人流量大的超市或者居住密度大的社区摆放展点，相当于一个临时售楼部。在交谈中笔者还了解到他们在周边的联家超市、国光山水间社区分别摆放了一个展点。当天下午我便走访了这两个展点。在联家超市看到他们有内场的置业顾问张某和李某驻守在展点，超市门口有5个展点“小蜜蜂”询问拉访意向客户，但是超市外面并无专职人员监督拉访，故此多为“小蜜蜂”带访展点的假客户，也就是水客。驻守的置业顾问也都是在内场等待拉访“小蜜蜂”带客户来，基本没有主动拉访动作。国光山水间社区展点也有置业顾问驻守，情况与超市展点一致。

在暗调以及渠道走访过程中，笔者发现该地产公司在“小蜜蜂”的管理上存在很多问题，如人员招聘体系不完善、拓客工作管理监督不到位、团队管理松散和个人工作职责不明等。

根据该售楼部3月来访台账，以下分别是4种渠道的来访、成交数据以及报销明细。从表1可以分析出，由于该售楼部刚刚开放，且周边买房客较为陌生，所以竞品拦截到访量最多；其他三个渠道到访量明显低于竞品拦截且大致相同；但是竞品拦截到访25组仅成交1组，客户的有效性低，这跟竞品拦截“小蜜蜂”带水客有很大的关系；其他渠道到访很少，“小蜜蜂”团队在管理上出现了很大的问题；一切以结果为导向，3月份渠道成交2套，产生费用86 520元，费效比43 260元/套，从费效比来讲，费用太高，在人力成本上没有控制好，造成了人力浪费。

表1　来访、成交数据以及报销明细

	竞品拦截	Call客	扫楼派单	商超展点	合计
日均“小蜜蜂”/人	8	6	10	4	28
日均费用/元	800	600	900	400	2 700
月总费用/元	24 000	18 000	27 000	12 000	81 000
4月到访/组	25	5	3	5	38
到访奖励	1 000	200	120	200	1 520
4月成交	1	0	0	1	2
成交奖励	2 000	0	0	2 000	4 000

从结果来看，“小蜜蜂”团队管理需要优化。

2. 现有“小蜜蜂”管理方案

(1) 兼职人员招聘方案如下。

一是渠道经理制定拓客策略，明确拓客动作以及方向。渠道经理会根据区域内的人群圈层采用有针对性的拓客动作，向一些有超高层的社区进行派单、在大超市进行展点宣传、与具有相同产品的楼盘进行竞品拦截客户以及获取他们售楼部的来访台账进行 Call 客等，将这些资源分派给各渠道组长进行渠道拓客。

二是渠道组长制订用人需求计划。各渠道组长根据一天的拓客动作来确定自己小组需要多少“小蜜蜂”，一般扫楼派单 6 人左右，竞品拦截 6 人左右，每个展点 2 人左右，Call 客大概 8 人左右。

三是甲方（地产公司）委托人力资源公司（第三方）执行用人计划。一般地产公司不会自己招聘兼职来满足用人需求，由于人员需求量大，地产公司会采用竞标或者直接委派的方式与第三方中介公司签订人员派遣合同。一方面满足了地产公司的用人需求，另一方面规避了用人风险（第三方工作安全问题与甲方无关），月末由地产公司报销第三方发生的一系列费用。

四是“蜂王”发布招聘广告。“蜂王”对接好渠道组长的用人需求后发布招聘广告，一般采用微信朋友圈以及微信群的方式招聘“小蜜蜂”。

五是渠道组长或“蜂王”对兼职“小蜜蜂”进行工作培训并进行简单筛选。“小蜜蜂”集合后，渠道组长或者“蜂王”对“小蜜蜂”进行集体培训，一般内容为拓客的标准化动作以及一句话邀约说词等。在培训期间也会对“小蜜蜂”进行筛选并辞退不合格的“小蜜蜂”。

(2)“小蜜蜂”开展工作，即第三方委托“蜂王”发放日固定工资以及奖励。“小蜜蜂”拓客管理方案大体如下。

一是拓客组织架构。在与该地产公司渠道专员沟通中以及平时工作观察中了解到，该地产公司渠道部拓客组织架构为职能制（如图 1 所示）。渠道经理统筹各渠道组长的工作管理安排，渠道组长对于各自负责的渠道设立兼职队长，进而开展一系列拓客工作，这能够充分发挥职能机构的专业管理作用，减轻渠道经理的工作负担；但是缺点也很明显，它妨碍了必要的集中领导和统一指挥，形成多头领导。在这种组织架构中，最关键的地方在于兼职队长与“小蜜蜂”的管理问题。

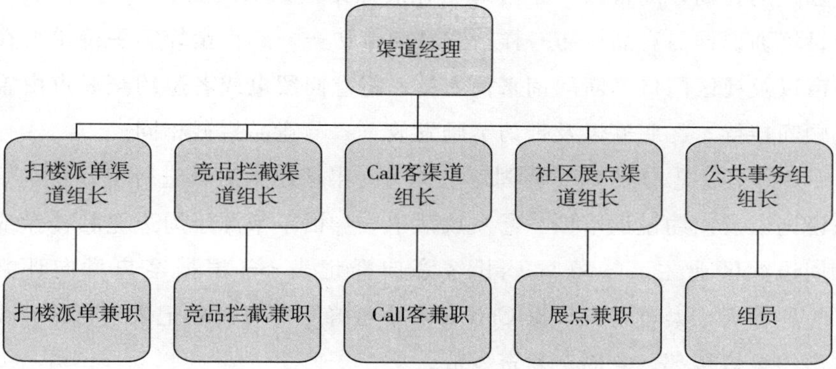

图1　拓客组织架构图

二是各渠道执行流程。扫楼派单：①明确标准动作——在工作前，渠道组长会开一个简短的早会进行工作培训：明确上下班时间以及中午休息时间；上下班拍照以及上班签到；扫楼验收，需把单页放在门把手上；汇报所扫楼栋以及户数。②发放单页——每人发放相同数量的单页，工作结束后回收剩余单页。③渠道组长监督——一般而言，对于扫楼这种基本动作的执行情况需要渠道组长随机走访调查扫楼情况，对造假的“小蜜蜂”进行惩罚或者辞退。④工资结算——由“蜂王”结算扫楼“小蜜蜂”工资，根据周边的行情，扫楼“小蜜蜂”工资为70元/天，且一般无奖励产生。

竞品拦截：①楼盘信息培训——在团队组建前期，需要对竞品拦截人员进行培训，要求他们掌握项目的基本信息，比如项目开发商、物业公司、小区物业形态、具体面积等，对看房客户进行一句话邀约说词培训等。②安排点位——一般会选择在楼盘周边5千米范围内的售楼部安排拉访“小蜜蜂”定点蹲守，会选择“狼性”较强的“小蜜蜂”在点位，对“小蜜蜂”的综合素质要求较高。③客户带访登记。④底薪以及带访奖励发放——为了提高拉访“小蜜蜂”的工作积极性，有效到访每组奖励40元，由“蜂王”统一结算。

商超展点：①楼盘信息培训——在商超或者社区摆放临时展点，由置业顾问驻场，配备的“小蜜蜂”在展点附近或者主出入口进行拉访，项目培训说词与竞品拉访一样。②意向带访——“小蜜蜂”手持单页在超市以及社区门口不断问询来往人员，将意向留电或者邀约至展点由置业顾问接待。③底薪以及带访奖励发放——与竞品拦截相同。

Call客：①分发Call客固定说词——渠道组长对其进行项目基本信息说词以及邀约说词培训。②发放话单——话单来源于周边竞品楼盘或者周边社区业主。③填写Call客意向登记表——根据客户意向评判ABCD等级，渠道组长根据Call客“小蜜蜂”的意向登记表进行回Call并邀约至售楼部。④固定薪资发放。

（3）面临的障碍及原因分析大体如下。

一是招聘障碍。地产公司的用人需求依赖于中介公司。中介公司委任的蜂王在这里充当了很重要的角色，在选人用人方面起主导作用。地产公司的用人需求传达到蜂王这里后，蜂王开始疯狂找人。但是，周末的时候各大售楼部同时需要兼职，整个兼职市场上会人手短缺，那么中介公司怎么来满足需求呢？工作能力不行的兼职会被蜂王招来充数，工作效率大打折扣；蜂王招来的人会同时干多家，个人工作效率高了，但是对于某一个售楼部而言，效率大大降低；一般中介公司会发人头费给蜂王，所以蜂王有时会想着法子多上人，以增加自己的收入。在人员招聘上，渠道组长没有经手，在后期的报销上只能是蜂王说了算。

二是团队管理障碍。主要是团队没有凝聚力。由于各个渠道组长在管理各自队伍上没有强标准、盯执行、重结果，所以各个渠道下面的“小蜜蜂”团队有空子可以钻，干一个人的活却可以在多个售楼部领取成倍的工资。

三是费用障碍。主要是产生的费用与结果不匹配。该售楼部目前渠道较广，4 个渠道同时进行，渠道组长迫切想要业绩，动作很大。尽管如此，大动作并没有取得好的成效，反而是造成了很严重的浪费。原因在于渠道组长没有明确的用人计划，盲目上人推广，想要量变引发质变，造成人员浪费；拓客方向需要调整，展点、社区、竞品楼盘等点位的选择上有失误，造成“小蜜蜂”做无用功，产生的费用没有任何绩效；人员管理监督上没有强力执行，基础动作没有落实到位，导致队伍松散、效率降低，造成费用浪费。

四是到访以及成交障碍。主要是到访以及成交少。该案场渠道动作没有问题，主要问题集中在渠道负责人的管理上，一个简单的渠道动作没有做到细致，没有要求到位，所以造成了自访和渠道邀约到访都少，自然而然成交也少。要想促进到访，渠道的管理方案需要优化，整个团队的执行效率需要提高。

五是拓客动作不规范。综合该地产公司的这 4 种拓客动作，主要体现在如下方面：①拓客策略制定不清晰，人员按照固定思维排兵布阵，进入陌生地区前没有对整个地区进行走访调查。②拓客动作执行不规范，由于“小蜜蜂”基本是干一天领一天工资的兼职，没有建立起拓客团队的组织文化和情感联系，所以容易产生工作上的懈怠；再加上在管理上较为松散，缺少专业、专工人员对他们的工作进行监督，所以这种不规范的拓客动作导致了工作效率的降低。

针对该地产公司的“小蜜蜂”管理方案和执行现状，本报告认为主要有四大问题：人员招聘无管控、拓客战略不系统、拓客动作不合理、拓客团队管理效率低。本报告将从人员管控、核心战术、组织架构搭建、拓客动作优化、团队管理等多方面进行优化设计。

三、“小蜜蜂”管理优化方案

（一）构建拓客团队组织架构

管理优化方案的核心战术中拓客手段围绕三大核心要素执行，分别是团队组建、资源获取来源、人员以及动作管理。团队是前提，资源是手段，管理是促进，如图 2 所示。

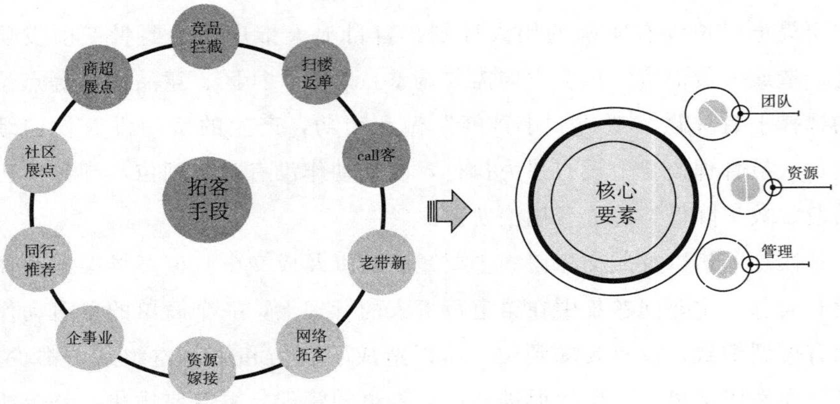

图 2　拓客主要手段以及核心要素

1. 作战规模化

4 名渠道专员，配备实习生以及编外人员。增加在校实习生以及编外人员，在宏观上管控和监督整个渠道的执行情况，并实时反馈；在微观上协助渠道组长完成各项工作任务，减轻渠道工作负担，做到分级管理，增强工作效能，形成规模化拓客团队，达到优化组织架构的目的，如图 3 所示。

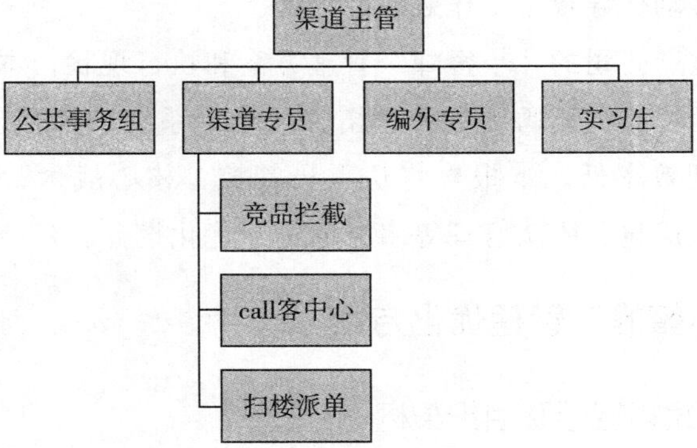

图 3　组织架构优化

2. 指挥专业化

根据各人的特点，对渠道专员赋予工作模块统筹职能，以增强管理能力，做到人尽其才、才尽其用，最大限度地发挥各人的作用。

3. 动作高效化

配置编外专员、实习生，互相补充，控制费用，成为拓客管理的关键因素。

4. 费用合理化

团队配备公共事务组，作为甲方直接与第三方中介公司进行费用对接，核对每日各渠道组长的费用支出情况，形成各渠道组长费效比，对费用比进行各渠道排名并且建立奖惩制度，严格控制团队的费用支出。能够实时监督“小蜜蜂”招聘以及费用报销，有助于扭转以往“蜂王”说了算的局面。

（二）获取拓客资源

1. 制定拓客策略

（1）根据项目定位、产品类型，锁定目标客户群，确定拓客方向。若项目产品为洋房和别墅，则客户层次较高，故不宜在地铁口、公寓楼或者租赁住宅中安排“小蜜蜂”拓客，而应在一些大型商场、高级写字楼或者 4S 店等，具体要以周边情况来安排“小蜜蜂”拓客。

（2）根据客户群体的特性、分布区域制定拓客策略。继续以洋房、别墅项目为例，这种客户的分布区域一般会出现在一些竞品楼盘、高端会所或者一些上市公司，宜根据分布区域来安排“小蜜蜂”。

（3）明确渠道拓客组织架构，开展主要拓客动作。

2. 编制客户地图

编制详尽的拓客地图：在开展工作之前，需要对周边地区进行走访调查，编制客户地图，为地区划分等级，给拓客工作找准方向，如图 4 所示。

■ 项目概况：项目的定位、产品、货量等
■ 客户描摹：客户的居住区域、行业、购买目的、家庭结构等

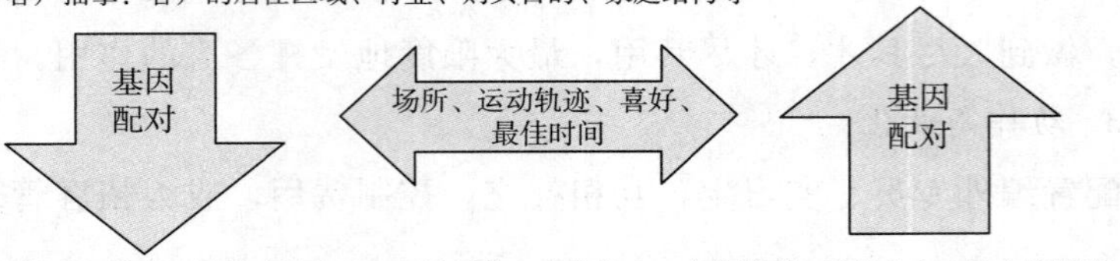

宏观概况：城市经济的支柱产业、经济结构、人均收入、产业类型、地域分布、城市格局等；
微观概况：项目区域1～3千米、3～5千米、5千米外业态、机构（医疗、学校、商超、居住区、公园体育设施、写字楼、企业政府单位等）分布、规模等。

图4　拓客策略（拓客方向）

3. 拓客动作管理优化

（1）优化竞品拦截可从如下方面着手。

团队组建：①重激励——挖掘千里马，给区域内的优秀人员高于市场的平均奖励，重赏之下必有勇夫；②树立榜样：找出拉访团队中的核心人物，树立团队“精神领袖”，高度提倡榜样力量；③竞争——共存分组 PK：两个队长，能者上庸者下，相互 PK 业绩，提高团队整体积极性。“强与弱”按照比例共存，相互配合一致对外，能力强的“小蜜蜂”来迎击其他售楼部的竞品“蜜蜂”，能力弱的“小蜜蜂”用来守住中午窗口期的客户，将拉访有效最大化；④规避风险：严格按照公司标准培训，制定红线制度（红线是指有些自访客户竞品人员是不能拉访的，渠道组长以及下面的“小蜜蜂”都应严格遵守），确保客户真实性、有效性。

团队稳定与管理：①“良币驱逐劣币”——营造正能量氛围：禁止竞品拦截“小蜜蜂”兼职多家；禁止在团队内传播负能量，及时剔除与团队关系恶劣、工作表现差的“小蜜蜂”，留下能力强、具有正能量的“小蜜蜂”。②“胡萝卜加大棒”——稳定团队：定期团建，开展“小蜜蜂”关怀活动，红白脸兼唱，表现出色的“小蜜蜂”及时表扬，做到让“小蜜蜂”“你心中有我，我心中有你”；渠道组长以身作则，以目标为导向，建立团队“小蜜蜂”“狼性文化”。

渠道组长：①做事之前先做人，恪守自己，敬重团队，只有自己做

得正，“小蜜蜂”才会努力跟着你工作；关怀“小蜜蜂”，建立有效的沟通体制，让他们有归属感；让他们挣到钱的同时，心里也要舒服。②奖励发放均能落实到“小蜜蜂”，“小蜜蜂”合理诉求领导都能知晓。③结合周边竞品情况，不断学习进步，点位拉访客户，“小蜜蜂”拉访有阻力，组长自己上，形成多层次全方位配合；不断总结“小蜜蜂”的小伎俩，逐个击破，根据市场以及推售情况，及时调整组织架构，调整拉访重心。

(2) 优化扫楼派单可从如下方面着手。

工作前：渠道组长依据客户地图踩点与安排，在扫楼派单工作开展前一天需要去目标小区踩点，判断工作的开展可能会遇到的困难，进行组织和计划：①小区能否顺利进入，楼栋是否要刷卡入户，为顺利进入楼栋扫清障碍；②小区的物业形态，提前预知工作量；③ 小区的规模，提前预知工作量和人员安排；④小区的等级（人员层次、物业、距离），是否为目标区域。

工作中：①签到培训：上午 9 点前集合签到，建立微信工作群；②项目知识培训，如一句话说词；项目基础知识培训。③工作规范培训：强调工作时间；严控浪费单页的情况；单页要求贴在小区业主门上；到达小区指定点位后在群里报备，门头拍照；工作过程中每扫完一栋楼，微信群里报备，如“3 栋 1 单元已扫完，共 24 户”。④物料领取：每人领取相同数量的单页，一卷胶带。⑤工作检查：根据群里的楼栋对每名工作人员进行不定时、不定楼栋、不定楼层检查。

总结与分析：①中午下班后由小队长统计每个“小蜜蜂”的工作情况及工作量。渠道组长需要根据情况重点关注工作量最多的和最少的“小蜜蜂”，当天统计出该小区的工作情况，精确到人与量。②统计目标小区的来电情况，绘出来电地图；对客户进行盘点与邀约，精确到访时间，录入客户登记本；对客户进行持续邀约。

注意事项：① 招聘前一天务必强调工作时间与工作要求；② 要求扫楼“小蜜蜂”带包（装单页）；③ 尽量招聘会用微信的人，干过扫楼的人（年龄≤50）；④ 小区扫楼人数控制在 3～5 人。

（3）关于 Call 客，存在以下方面问题，可采取相应措施改善。

Call 客这项工作，总是被拒绝，如何才能留住人，稳定团队？可从如下方面努力：①晋升机制：分级管理，建立话务员、组长、主管的晋升机制，制定不同薪酬体系；②奖励机制：明确话务员的目标，依此制定激励措施；奖励做到及时兑现，且依据销售节点进行调整；③心理辅导：话务员每天被不断拒绝，须及时帮助其调整心态，基础话务员需要不定期更换。

"小蜜蜂"素质参差不齐，如何确保有质量的呼出？可从如下方面努力：①管理能力：确保话务员严格按照要求执行动作，做好抽查与监督，用好 Call 客主管；②邀约能力：以闭合的方式直接与客户约好到访时间，同时为回访做铺垫，提升来访率；③目标及状态：对项目进行培训，话术及时调整；打鸡血、PK 赛、模拟 Call、提升专业性。

Call 客还有哪些需要注意的？可从如下方面努力：①客户资源保护：将意向客户及时录入海客系统，制订周期回访计划，严格保护话单资源；②销售风险：向客户输出的口径与案场保持一致，不做价格、学区等相关的销售承诺，规避风险。

（4）关于外展点，"天时、地利、人和"是成败的关键，可从如下方面努力：①天时：依营销节点调整展点动作，售楼部开放前（大客储）、首次开盘、持销期各不相同；采取吸引眼球的展点形式配合售楼部活动，在展点开展有意思的拓客活动。②地利：依据客户地图，选定巡展具体点位，主要为核心商超、人流聚集点、社区展点等。③人和：稳定团队：招募稳定的展点团队；管理团队：走进团队，融入团队，并肩作战；奖惩团队：设定有效激励和惩罚措施。

确保预接待的执行效果——主动性：拟定核心展点说词，简明扼要道出核心价值点；"犹抱琵琶半遮面"，不详尽介绍项目，避免客户因某一点不满意而放弃到访；采取闭合方式约定到访，需得到客户口头到访承诺，时间越近越精确越好。

以客户到访为目的，明确邀约说词，如“离这里很近，5 分钟就到”“您可以去现场看看，我们置业顾问详细给您介绍一下”“我们是高端项目，随时有专车接送，很方便!”

总结与邀约：总结当日工作情况和工作中无法解决的客户问题；当天留电的登记在客户登记本，写清楚客户意向，每隔两天邀约一次，持续到客户到访，也可以借助周末活动进行集中邀约，促进爆发式到访。

4. 拓客管理总结

(1) 过程管理——不要让劣币驱逐良币，如图 5 所示。

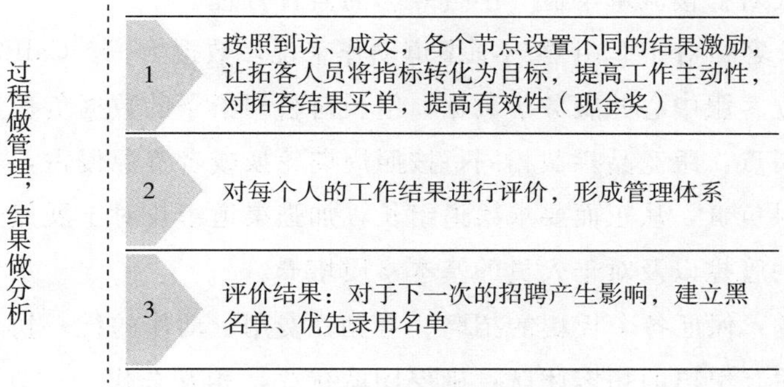

图 5　过程管理

(2) 目标激励管理——将目标与一线拓客员工联系。渠道组长的激励在于成交奖，“小蜜蜂”的激励在于到访奖；每天都需要强调到访目标，每天都需要对目标进行分解，分解到每一个渠道动作和每一个兼职人员。

(3) 标准化管理——拓客力提升。拓客说词：保证拓客端口输送到案场客户的转化率，口径与说词的严格统一，并保持更新。

(4) 拓客分享：定期组织拓客经验总结分享会。

(5) 工具管理：团队总结形成《扫楼工作指引》《夜拓工作指引》《CALL 客工作指引》《外展点工作指引》。

(6) 网络管理：弱化压迫感，提升管理的规范程度，用标准化管理替代大量人力管理。

（7）组织管理：强化渠道组长的统筹责任。

5. 各渠道组织管理要点

竞品拦截：控官制，即负责竞品拦截的渠道组长按照月来排工作计划，每个竞品拦截组长对该月的过程和结果负责，对竞品拦截“小蜜蜂”进行严格管控。

扫楼派单：根据客户地图划分目标区域，每个扫楼派单渠道组长轮序负责对应的板块或者资源侵占，如果某区域两个组长在轮序的时候差异很多则实行资源侵占。在这种竞争关系上，鼓励渠道组长对结果负责，加大对扫楼派单渠道“小蜜蜂”的监督管理。

Call客：对于Call客这项渠道动作来说，数据为王，Call客“小蜜蜂”成立客服中心并服务于数据，组长对公司给予的数据负责。

外展点：跟竞品拦截相同，按照周期轮换或者资源侵占，需要对展点的结果负责，从正面要求渠道组长，加强渠道组长对于展点兼职的带访数量的管控以及对于人员的基本素质培养。

目的：保证各个板块的招聘、考勤、费用、动作的统一协调，形成系统化的有纪律的拓客团队；确保团队优先，相互合作、竞争，培养优秀的渠道“小蜜蜂”团队；锻炼渠道组长的统筹能力，促进其快速成长。

情绪管理：让兼职“小蜜蜂”变成自己人，提升团队凝聚力和执行力。拓客前的情绪管理——适当喊口号，提升工作活跃度，手把手进行工作指导与培训；拓客中的心理按摩——利用晚会的时间听取一线员工的拓客反馈，并且对反馈做出回应，给予安慰和鼓励；员工关怀活动——节假日组织关怀活动，冬天送保温杯、手套，夏天送水等，走进“小蜜蜂”的生活，让他们感受到温暖。

6. 团队内驱力塑造

对于“小蜜蜂”这种特殊衍生群体，如何打造他们的团队内驱力呢？

（1）定位；让“小蜜蜂”找到自己在团队中的定位，强调以“我”为主的观念，“小蜜蜂”是一线工作人员，是团队的发动机，是非常重要的。

（2）目标：一个优秀的团队需要强烈的目标感，再配备卓越的执行力。对于渠道的任务进行目标分解以及动作分解，将目标分摊到每一个“小蜜蜂”身上，基于每一个小目标进行动作分解。

（3）激励：对于团队管理，激励具有很重要的作用。对于任务达成的个人或者小组在收入上进行激励。

（4）榜样：在团队中，对于工作突出的“小蜜蜂”树立典型，号召其他“小蜜蜂”学习。

四、参考文献

［1］郭国庆．市场营销学通论［M］．北京：中国人民大学出版社，2014.

［2］张金环，李彦广，周德胜．管理学原理［M］．北京理工大学出版社，2015.

［3］邹娟．浅析激励机制在企业人力资源管理中的应用［J］．中国管理信息化，2021（20）：146－147.

［4］张慧．企业标准化管理问题探究［J］．管理观察，2014（34）：96－97.

［5］赵宏琴．浅谈企业的标准化管理［J］．大众标准化，2001（9）：27.

［6］熊淑萍．企业组织健康与员工情绪管理关系研究［J］．企业经济，2015（11）：95－98.

［7］赵斌．论如何完善内部控制的组织架构、发展战略、人力资源等工作［J］．中国商界（下半月），2009（8）：247.

［8］杜静妍．如何完善招聘面试流程［J］．商，2013（21）：83.

［9］王宁．企业招聘外包风险及规避策略［J］．决策探索（下半月），2011（5）：35.

［10］许峰．浅析我国企业人力资源管理外包的风险［J］．中国科

技信息，2012（11）：202，222.

[11] 郑径松．房地产销售渠道发展趋势［J］．福建建材，2016（12）：115－116.

[12] 任帅．建筑房地产销售渠道模式探讨［J］．门窗，2016（7）：234.

[13] 谭小芳．管理者如何提高整个团队的执行力［J］．中小企业管理与科技（中旬刊），2013（1）：54－55.

[14] 彭丽莉，杨建华．服务业一线客服人员的任职要求及发展空间［J］．现代商业，2012（35）：180－151.

[15] Susan Mallett，Steve Halligan，Gary S Collins，Doug G Altman. Exploration of analysis methods for diagnostic imaging tests：problems with ROC AUC and confidence scores in CT colonography［J］. *PLoS ONE*，2017，9（10）：1－11.

[16] José Luis Salvatierra，Miguel Ángel Gálvez，Freddy Bastías. Developing a benchmarking system for architecture design firms［J］. *Engineering，Construction and Architectural Management*，2019（1）：139－152.

《某地产公司营销部渠道“小蜜蜂”管理方案优化设计》点评

指导老师：赵勇

一、毕业设计选题优秀

（一）具备良好的前提条件

（1）选题来源：该同学大四开始一直在这个地产公司的营销部实习，对实习部门管理上存在的问题有切身感受。另外，该同学对营销渠道的管理比较感兴趣，平时也注意这方面的观察和思考。这些基本保障了该选题的实施，为顺利完成毕业设计打下了基础。

（2）调研条件：该同学与部门领导和同事建立了一定的关系，具有较好的人脉资源，选题和该同学实习工作内容高度一致，在征得部门领导同意后，能够利用工作过程中接触到的相关管理文件、数据。

（二）符合选题的基本原则

（1）与专业相关，小题大做。设计内容涉及招聘管理、团队建设、员工培训与开发以及组织结构优化，符合人力资源管理专业方向人才培养要求，看似一个销售渠道的管理问题，实则是一个管理组织的整体人员管理系统的问题。

（2）与企业相关，做真题。选题针对该地产公司营销部渠道“小蜜蜂”的管理现实痛点问题，是真题。

（3）与职业相关，真做题。选题与人力资源助理工作紧密相关，毕业设计的过程也是调研、思考、总结实际工作，不断提高工作能力的过程，该同学实实在在投入了大量时间和精力去分析和解决问题。

（三）选题质量达到A级

（1）选题与专业的符合度达到A级。选题明确，与本专业密切相关，符合专业培养目标。

（2）选题应用性程度达到A级。产生于实习单位人力资源管理的实际问题，属于真实选题。

（3）选题的难度适当。适合该同学的知识和能力状况。

（4）题目的规范性和严谨性达到A级。题目表述规范，用词严谨准确。

二、文献研究科学高效

（1）搜索方法科学有效。因为该地产公司营销渠道“小蜜蜂”不是一个通用的营销模式，所以在知网上直接检索到的文献非常有限，学生可以直接借鉴的资料较少，影响了学生的信心。但是，“小蜜蜂”营销是房地产营销的模式之一，其管理方式属于房地产营销管理的范畴。知网上有关房地产行业营销管理团队、管理模式的文献比较丰富，是可以借鉴的。所以，学生确定房地产营销管理的相关文献作为检索重点，并作为本毕业设计的主要参考文献。

（2）筛选方法快捷有用。主要根据文献的相似性、近3～5年发表、研究水平3个标准进行判断和选择。

三、调查研究全面深入

（1）访谈调研有深度。利用自己的私人关系，邀请渠道专员和小队长一起进餐，边吃边聊，气氛融洽，获得了比较有深度的信息。

（2）现场观察得实情。为了得到“小蜜蜂”渠道真实的管理现状，该同学以客户的名义深入案场进行实地观察和暗访，保证了调查结果的真实性。

（3）资料调研很翔实。由于该同学实习时间较长且实习表现较为突出，经过与相关领导沟通，其准许获得做毕业设计需要用到公司相关管理资料和数据。

四、研究报告整体优秀

（一）正文内容丰富、层次清晰、有创新点

（1）绪论内容完整、描述准确。清晰说明了毕业设计要解决的问题和背景、研究的目的和意义、研究方法。

（2）文献综述质量优秀。该同学消化吸收了文献中与自己的研究密切相关的内容，用简练易懂的语言总结和评价了相关文章的观点。

（3）现状调研报告质量优秀。该同学完整、清晰、准确地汇报了调研设计、调研过程和调研结果。

（4）问题解决方案科学可行。该同学在分析现行“小蜜蜂”渠道管理措施的优缺点的基础上，根据访谈和现场观察得到的信息，提出的解

决方案科学可行。

（二）摘要、参考文献及附录的内容合理且形式规范

（1）摘要内容完整、高度概括。摘要说明了研究意义、对象、方法、内容和设计方案要点，十分明确和恰当。

（2）参考文献符合要求。列举 2 部专著、12 篇中文期刊论文、2 篇英文期刊论文，内容与主题相关，格式排版符合规范要求。

第十章 人力资源管理系统优化设计案例

《安徽×地产公司 HRBP[①] 优化方案》报告

作者：张　汇

（安徽建筑大学公共管理学院人力资源管理专业 2021 届毕业生）

摘　要：HRBP 在我国企业中的发展尚处于初级阶段，真正成为业务部门的战略伙伴还有一段很长的路要走。本报告通过文献法，综述了 HRBP 概念的提出和演变、国内外 HRBP 实践状况以及国内 HRBP 发展问题和对策。通过访谈法和问卷调查法，发现安徽×地产公司 HRBP 运行过程中存在的问题是招聘过程中 HRBP 对业务工作不熟悉，培训内容无法满足员工需求，员工在部门中的决策参与度不高；原因主要为缺失 HRSSC[②] 和 HRCOE[③]、HRBP 角色定位不明确、岗位职责不清晰、招聘过程中 HRBP 业务影响力不强且事务性工作过多、培训需求较被动且缺乏员工的职业生涯规划、部门主管重视关键指标忽略员工想法；本报告有针对性地提出了完善 HR 三支柱组织架构、明晰角色定位、厘清岗位职责、招聘中 HRBP 增强对业务的影响力、主动询问员工培训需求且提供职业生涯规划、设立匿名信箱和员工奖励制度的优化措施。

关键词：HRBP；职能；角色；能力

---

① HRBP：即 Human Resource Bussiness Parther，人力资源业务合作伙伴。

② HRSSC：Human Resource Shared Service Centre，即共享服务中心。

③ HRCOE：Human Resource Centre of Excellence or Center of Expertise，即人力资源专家。

一、绪论

安徽×地产公司以房地产业为主营业务，形成了“以房地产、基建为主业，金融、消费、健康、科创等产业协同发展”的综合经营格局，倡导“以人为本，和谐共存”的理念，致力于实现社会进步、客户满意、企业发展、员工成长的多赢。

2019年，随着公司规模的扩大和下属区域/城市公司数量的增加，在借鉴了业界其他公司的实践后，安徽×地产公司开始了HRBP模式的探索和尝试，目的是在人力资源基础的六大模块推进比较顺利的前提下，进一步推动HRBP的业务水平，让人力资源更好地为整个地产赋能，从战略应援转化到战略支援。在探索初期，HRBP岗位主要是在营销管理部设立，底下所属区域/城市公司大部分没有设立，起步比较晚。在组织结构上，HRBP岗位还是隶属于人力资源部，职能主要是协助业务部门主管开展各项工作。HRBP岗位在运行一段时间后初具效果，业务部门在HRBP的协助下，工作也取得了进步，但由于公司初期对HRBP工作的不重视，当前HRBP和业务部门之间的配合度较差，业务部门的满意度较低。

（一）设计目的及意义

设计目的是对安徽×地产公司HRBP的运行进行调查研究，通过员工访谈与问卷调查等方式，了解该公司在HRBP模式的应用中出现的问题，并根据文献研究和员工访谈等资料，找出该公司出现这些问题的可能原因，有针对性地提出安徽×地产公司HRBP优化方案。

设计意义主要是通过安徽×地产公司HRBP优化方案，提升HRBP工作绩效，与业务部门形成高效默契的合作伙伴。同时，也可为其他公司HRBP模式的应用和转型提供参考。

（二）设计方法

1. 文献法

借助安徽建筑大学图书馆查阅有关HRBP优化方案的藏书资料和

互联网资源，为设计提供理论基础，并结合房地产标杆企业的实际操作方案进行整理分析，为设计提供整体思路。

2. 访谈法

借鉴相关资料并结合安徽×地产公司 HRBP 实际运行情况，设计了访谈提纲，并在老师的建议下修改补充；采用电话访谈的形式与安徽×地产公司负责人沟通，主要是从安徽×地产公司的人力资源架构、在营销管理部设置 HRBP 的原因、部门人数、工作内容、实施现状及遇到的问题等方面了解基本情况，分析问题的原因，以及拟解决问题的方案，为设计优化方案提供思路。

3. 问卷调查法

通过问卷调查的方法，调查安徽×地产公司现在设立 HRBP 的部门员工对 HRBP 工作的看法，发现实际运行中存在的问题。然后通过统计和分析问卷调查的结果，总结公司现有的人力资源管理制度和方法中存在的问题，分析产生这些问题的原因。结合公司目前的运行状况，设计 HRBP 优化方案。

二、文献综述

（一）人力资源业务合作伙伴（HRBP）概念的提出和演变

1995 年，尤里奇提出 HR 部门应在企业中扮演推动战略执行、助推组织变革、打造敬业员工队伍、提升 HR 职能效率 4 种角色（易晓芳，2015）；1997 年，尤里奇在具体的实践中，根据“四角色”模型的要求，用 HRCOE、HRSSC、HRBP 来重新划分人力资源职能，这就是 HR 三支柱模型，它们共同组成拉动人力资源管理的“三驾马车”。

目前，国内外学者对 HRBP 没有统一的定义，但是在实践中主要是指派遣人力资源工作者进驻到各个业务部门或事业部门，协助部门主管从事人才的发掘、培养、发展等方面的工作。在职能方面，易湖停和刘翔宇（2019）认为 HRBP 可以帮助提升业务部门的创造价值能力，协助业务部门主管完成工作，进而服务业务部门，达成和业务部门经理的默契合作。

综上所述，HRBP的概念最先由尤里奇为实践“四角色”模型提出，并在企业实践管理中逐渐建立HR三支柱模型，将传统的六大模块打散、重组。HRBP不再仅仅从事琐碎的行政事务，还要熟悉人力资源专业知识和业务知识，真正实现和发挥人力资源业务合作伙伴的重要作用。

（二）HRBP实践状况

1. 国外实践状况

国外很多企业都开始HRBP管理模式的探索和尝试。例如微软亚太研发集团就在其人力资源部设立了人力资源管理业务伙伴，专门用来为集团业务服务。作为微软亚太研发集团的业务伙伴，他们熟练掌握各个业务部门的业务知识，了解部门内部的中长期发展目标和战略以及面临的挑战等，对于部门内部的员工，HRBP总是很乐意倾听他们的想法，因此部门员工将其看作朋友，而不是来自人力资源部（杨磊，2011）。美国的IBM公司在2007年就明确提出并应用了人力资源管理三支柱架构（易湖停、刘翔宇，2019）。陈洪权和陈舒文（2015）据有关研究发现，国外企业人力资源业务伙伴战略运用已十分广泛，效果非常明显。

2. 国内实践状况

（1）HRBP实践尚处于起步阶段。和国外企业HRBP应用的广泛和发展的成熟不同，HRBP在我国企业中的应用尚处于初级阶段（葛明磊，2015）。陈洪权和陈舒文（2015）认为，就HRBP战略本土化而言，我国企业还刚刚起步，主要集中于互联网和通信这两个信息技术被广泛应用的行业。蔡成喜和刘越（2013）调查发现，实施HRBP的企业具有行业聚集性，主要集中在互联网行业。在129家实施HRBP的企业中，有94家企业属于互联网/移动互联网/电子商务，约占调查总数的73%。

（2）越来越多的企业采用HRBP模式。为了摆脱“被弱化”的困境，我国很多企业在国外HRBP模式理论支撑和企业人力资源战略模式转型的实战经验下，开始探索与尝试HRBP模式，最初开始大胆尝试的公司包括阿里巴巴、腾讯、华为、联想、百度等（荆全忠、孙小艳，2017）。例如阿里巴巴通过在公司内部设立“政委体系”来进行HRBP的实践；为了实现HRBP促进业务部门的发展这一目标，联想集团运用了“组织人才盘点”的方法；2018年，腾讯公司抽调人力资源部门人员，建立HRBP团队，其目的是贴近部门业务，实现业务增长；华为公司学习借鉴IBM的BLM模型（Business Leadership Model，业务领先模型），发展了自己的HRBP战略体系（陈洪权、陈舒文，2015）。

（3）HRBP的能力素质模型/任职资格体系建立相对初级。对于国内HRBP的职责，何筠和王萌（2016）通过梳理总结国内50家上市公司关于招聘HRBP广告中的职责要求发现，其中包含着大量人力行政工作，与业务部门之间联系不够紧密，由此可以发现当前国内企业对于HRBP的职责界定不清，远未达到理想状态。对于HRBP的职责界定、下属人数，蔡成喜和刘越（2013）统计分析发现，在129家实施HRBP的企业中，有92%左右没有对于HRBP的职责进行明确界定，HRBP人数规划为0，反映出HRBP的实施还处于探索阶段。

综上所述，国外部分集团或公司的HRBP模式实践较成熟，且经验丰富；我国一些大企业进行了探索和实践，但主要集中在一些规模较大的互联网公司，对于HRBP的职责和运行模式等还没有形成规范，有待进一步探索和完善。

（三）国内HRBP发展问题

1. 事务性工作过多

和致众成（北京）科技有限公司的《2020—2022中国企业HRBP实践及发展趋势报告》认为，事务性工作依然占据HR大量时间精力，HR作为战略伙伴的价值需要进一步挖掘。HR用在事务处理/记录方面的现状时间远高于理想时间，而战略伙伴方面的现状时间远低于理想时间，反映出企业在HR战略伙伴方面投入较少，HR时间更多用在事务处理/记录上，企业在进行HRBP体系建设过程中，事务性工作的集中交付不利于 HRBP 战略伙伴职能的实现。由此可见，在我国 HRBP 模式的应用中，HRBP 事务性工作过多，并没有完全发挥其业务合作伙伴的作用。

2. HRBP 胜任素质模型建设不完善，胜任力不足

王辉和杨锐鸽（2017）在 150 家企业发布在国内某知名猎头网站的 HRBP 岗位招聘广告中发现，对于 HRBP 岗位的职责描述和岗位界定，仅有 8%的企业明确规定 HRBP 的具体职能和胜任素质，剩下的 92%的企业仍然采用传统的对于人力资源工作者的要求，这体现了许多企业目前在 HRBP 的实践探索中，并未完善 HRBP 胜任素质模型。由此可以发现，国内企业 HRBP 胜任素质模型建设并不完善。从事 HRBP 人员一方面来自原有的人力资源管理部门，缺乏业务知识；另一方面来自业务部门，缺乏人力资源管理的专业知识。

3. 组织结构不匹配

彭剑锋（2017）认为，目前企业直线职能型的组织架构可以使业务流程变得清晰，便于职能分工，但缺点也是显而易见的，严重的官本位思想和冗多的层级、不以客户为导向，使其难以应对市场的快速变化。学者李艾琳和何景熙（2016）认为，HRBP 应该深入了解业务部门的工作内容，为其提供更加专业、贴合实际的服务。在现阶段国内企业的 HRBP 应用中，HR 三支柱体系建设不完善，没有能够为 HRBP 的应用提供强有力的组织制度支持。

综上所述，以往学者发现 HRBP 发展的问题主要集中在事务性工作过多，HRBP 胜任素质模型建设不完善、胜任力不足，组织结构不匹配，阻碍着 HRBP 充分发挥作用，降低了员工的满意度。

（四）解决 HRBP 发展问题的对策

1. 设立承担事务角色或建立完善共享服务中心

蔡成喜和刘越（2013）认为，为了解决 HRBP 事务性工作比较多的问题，可以在部门中设置一些处理流程性工作的初级岗位，等到 HRSSC 建立之后再逐渐转移，这样可以帮助 HRBP 人员聚焦于部门的

发展等高端工作。吴孝健和寇卫豪（2015）提出，在招聘工作中简历的发布、筛选、面试邀约等流程化工作可以交给 HRSSC 处理，采用这一方法可以节约时间、降低成本，使 HRBP 真正有精力去关注企业中员工的发展，发挥业务合作伙伴的作用。

2. 提高“硬实力”和“软实力”并重

何筠和王萌（2016）认为，HRBP 人员的选拔应该先从企业的内部开始，候选人要具备业务背景，同时也要具有专业的人力资源管理知识，在经过具体的项目培训之后实现 HRBP“硬实力”与“软实力”的提升。要做好 HRBP 工作，关键在于熟悉业务，只有真正了解业务部门的工作，才能切实参与业务部门的战略制定和规划，进而促进业务部门人力资源工作的转型发展。作为 HRBP 的从业者，既要精通人力资源管理几大模块专业知识的“硬实力”，同时刘松博等（2016）认为 HRBP 还要对业务发展有足够的敏锐度和前瞻性等“软实力”。

3. 构建完整 HR 三支柱，实现架构协同

荆全忠和孙小艳（2017）认为，必须保证 HRCOE、HRBP、HRSSC 三支柱的完善，并根据部门实际情况明确角色定位和具体职责，组织结构的差异将对 HRBP 模式的运行效果产生重大影响。易湖停和刘翔宇（2019）认为，只有三支柱相互配合、更加贴近部门业务工作，才能发挥更大作用，若三支柱不能在架构上实现协同，就要因地制宜，首要工作是增进 HRBP 对部门业务工作的了解。

以往学者从设立承担事务角色或建立完善共享服务中心、提高“硬实力”和“软实力”并重、构建完整 HR 三支柱、实现架构协同等方面提出了许多建议，有利于改善 HRBP 实践过程中的困境，发挥 HRBP 的业务合作伙伴作用。

三、安徽×地产公司 HRBP 运行现状分析

（一）调研设计

1. 访谈调研设计

访谈对象为安徽×地产公司营销管理部 HRBP 和中高层管理者，

访谈内容详见附录1。访谈主要是从安徽×地产公司的人力资源架构、在营销管理部设置HRBP的原因、部门人数、HRBP工作内容、实施的现状及遇到的问题等方面展开，第1题反映安徽×地产公司人力资源组织架构，第2、3题反映HRBP成立时间和成立原因，第4题反映当前部门情况和HRBP概况，第5题反映HRBP工作内容，第6题反映HRBP在当前工作中面临的问题。

2. 问卷调研设计

为了探究安徽×地产公司HRBP运行过程中存在的问题，本文结合地产行业HRBP实践过程中主要工作内容，从招聘、培训、员工关系、企业文化4个角度设计问卷，并展开问卷调查，问卷具体内容详见附录2。

在调研问卷中，第1、2题是询问员工所在部门和人数；第3题是询问部门内是否有HRBP人员；第4题是询问员工对于HRBP工作内容的认识；第5—7题是从招聘角度设问，探寻招聘环节问题的原因；第8—11题是从培训角度设问，询问培训是否满足员工需求、是否为员工提供职业生涯规划、对讲师人选的看法以及培训的实用性；第12—14题是从企业文化角度设问，询问员工对于公司目标、公司文化、公司形象的认同度，进而探寻HRBP在运行过程中所出现的问题以及原因；第15—18题是从员工关系角度设问，询问员工跟上级沟通的顺畅度、对工作氛围的感受等；第19题是询问员工对于薪酬的满意度；第20题是询问员工对于HRBP工作的满意度，以此为依据来评判在该部门中HRBP的工作是否有效。

（二）调研过程

2021年4月18日，笔者联系了安徽×地产公司营销管理部HRBP和人力资源部中高层主管，就公司HRBP运行情况进行访谈，主要目的在于了解人力资源架构、在营销管理部设置HRBP的原因、部门人数、HRBP工作内容、HRBP实施的现状及遇到的问题，问题的原因，拟提出解决问题的方案。

问卷调研方面，结合地产行业的人员配置，营销人员的配比几乎要占到公司总人数的一半。由于×公司的 HRBP 设立处于起步阶段，因此主要在营销管理部设置了 HRBP 人员。本次问卷调查主要采取手机问卷星 App 进行，调查对象主要为安徽×地产公司的营销管理部工作人员，从招聘、培训、员工关系、企业文化 4 个角度进行。此次问卷调查共发放问卷 28 份，回收问卷 26 份，其中有效问卷 24 份，问卷有效性为 92.3％。

（三）调研结果

1. 访谈结果

（1）人力资源架构。安徽×地产公司以房地产业为主营业务，随着近几年地产行业的迅速发展，×公司制定了更高的目标，其人力资源组织架构从最初的人事事务性保障工作发展成六大模块齐全的专业职能部门，模块分别是人力规划、培训发展、招聘配置、绩效管理、薪酬福利、劳动关系。近几年，面对营销业务板块急需扩张的需要，公司已经意识到现有营销体系出现的人员组织能力明显无法达到公司的战略发展要求，同时现有的人力资源管理模式对于营销体系的组织能力提升缺乏足够的影响力，所以从 2019 年 7 月开始决定在营销体系推行 HRBP 管理模式，同时营销体系 HRBP 是直接从人力资源部内部选拔担任的。基于三支柱管理模式的另外两支柱，即人力资源服务共享中心与人力资源专家中心并未设置，主要是在六大模块职能部门的基础上在营销管理部设置了 HRBP 人员，具体的组织架构如图 1 所示。

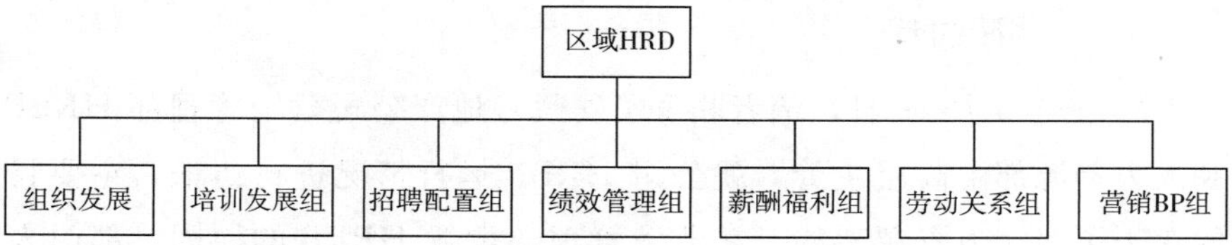

图 1　安徽×地产公司人力资源组织架构图

（2）营销管理部实施 HRBP 现状。

① 部门简介：营销管理部现有人员 28 人，分别在业务运控中心、资金中心、企划中心、研展中心和商办中心。

② 部门内 HRBP 的工作内容：薪酬方面——月度佣金、季度奖金、年终奖金的审核流转，年度薪酬方案制定。绩效考核方面——组织各区域进行季度、年度考核并完成核算、统计，制定营销绩效考核方案。培训及营销人才管理方面——督促并统计各案场及销管条线培训情况，包括新项目开盘前培训、岗前培训和日常培训的计划制订，培训组织和考核奖惩，营销人才体系搭建，营销培训平台搭建，培训管理制度撰写，培训课程开发，营销文化建设，季度/年度营销人力数据分析报告等。

③ 部门内 HRBP 实施现状。自公司 2019 年 7 月开始推行 HRBP 管理模式以来，与国内大部分企业遇到的情况一样，都没能够达到预期的目标。营销 HRBP 岗位一直处在孤立无援的状态，在人力资源部同事们的眼中，HRBP 属于营销部门，所以人力资源部各专业模块的同事将所有有关营销部门的人力资源工作都交给了营销 HRBP；在营销部人员的眼中，HRBP 属于人力资源部，营销部人员认为 HRBP 的作用是监视，所以对于 HRBP 一直不够信任。HRBP 承担的任务更多的是营销部门负责人助理的角色，同时大部分精力还被营销部门基础的人事工作牵制；在营销部门开展工作需要人力资源专家给予专业协助时，却无法得到专业的指导，最终的解决方案还是营销 HRBP 承担，设计出的解决方案是否最优无人给予判断。

一年多以来，由于 HRBP 角色定位不明确，岗位职责不清晰，公司高层以及营销部门负责人都认为营销 HRBP 的工作成绩平平。

2. 问卷调查结果

问卷从招聘、培训、员工关系、企业文化 4 个角度进行调查，分析 HRBP 工作中出现的问题并探究原因。

针对 HRBP 的工作，95.83％的员工最看重的是反馈和解决部门发展需求，提供专业建议和支持；75%的员工选择了贯彻推行总部人力资源政策，协助实现部门工作绩效；75%的员工选择招聘和人才配置优化工作；66.67%的员工选择了营造良好员工关系；66.67%的员工选择落实推进绩效考核政策与工作，如图 2 所示。

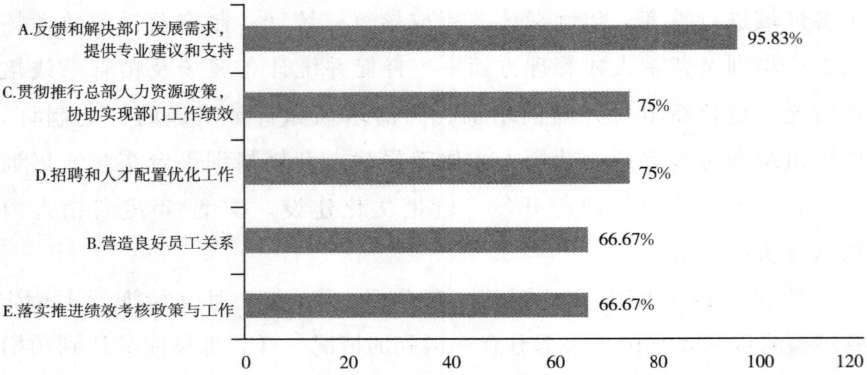

图 2　对 HRBP 工作内容认识状况柱状图

从上述数据可以看出，员工更重视 HRBP 可以跟部门内的业务对接，并且从人力资源的角度提供专业的支持和建议，可见 HRBP 对于部门工作的了解十分重要，HRBP 只有深刻了解部门的业务，才能对症下药，给出有效建议。此外，从 75%的员工都很看重 HRBP 对部门内的招聘和人才配置工作进行优化、协助实现部门的工作绩效中可以看出，目前员工对于 HRBP 贴合部门工作实际的呼声比较大。

（1）从招聘角度分析。①员工对“招聘过程中严格按照岗位说明书的内容和要求来进行招聘工作”认同度的平均分是 3.042；②员工对“目前部门内设置的 HRBP 主管或专员对我的工作内容十分了解”认同度的平均分是 3.000；③员工对“HRBP 主管或专员角色的工作贯穿我所在部门招聘工作的全过程”的认同度平均分为 3.042。见表 1 所列。

表 1　招聘角度认同度打分表

问项 \ 占比（%）	强烈反对（1 分）	反对（2 分）	一般（3 分）	赞同（4 分）	强烈赞同（5 分）	平均分
我所在的部门在招聘过程中严格按照岗位说明书的内容和要求来进行招聘工作	8.33	16.67	45.83	20.83	8.33	3.042
目前部门内设置的HRBP 主管或专员对我的的工作内容十分了解	12.50	16.67	33.33	33.33	4.17	3.000
HRBP 主管或专员角色的工作贯穿我所在部门招聘工作的全过程	12.50	12.50	37.50	33.33	4.17	3.042

表 1 数据显示，在部门的招聘工作中，HRBP 做得并不是特别好，没有得到很好的评价，过于投入烦琐的事务工作中，缺乏对于部门工作的规划和业务工作的了解。

（2）从培训角度分析。①员工对“公司为我提供了职业生涯规划指导”认同度的平均分是 2.458；②员工对“目前部门内安排的培训满足我的需求”的平均分是 3.08；③员工对“目前安排的培训能够解决我的工作难题”认同度的平均分为 3.125；④员工对“我对培训讲师的人选十分满意”认同度的平均分是 3.041。见表 2 所列。

表 2　培训角度认同度打分表

问项 \ 占比（%）	强烈反对（1 分）	反对（2 分）	一般（3 分）	赞同（4 分）	强烈赞同（5 分）	平均分
公司为我提供了职业生涯规划指导	20.83	37.50	20.83	16.67	4.17	2.458
目前部门内安排的培训满足我的需求	8.33	20.83	33.33	29.17	8.33	3.083

（续表）

占比（%） 问项	强烈反对 （1分）	反对 （2分）	一般 （3分）	赞同 （4分）	强烈赞同 （5分）	平均分
目前安排的培训能够解决我的工作难题	8.33	16.67	37.50	29.17	8.33	3.125
我对培训讲师的人选十分满意	8.33	20.83	33.33	33.33	4.17	3.041

表2数据显示，在部门的培训工作中，HRBP对员工的职业生涯规划指导方面没有做好。在营销管理部，部门主要看重业绩和产出，HRBP对员工的个人成长和发展问题并不是特别关心，且没有按照部门人员的实际需求来提供相对应的培训课程，课程培训的实用性方面也有待改进。

（3）从企业文化角度分析。①员工对“我十分清楚公司目标”认同度的平均分是3.250；②员工对“我在入职后能够很快融入公司和熟悉工作内容，并认同公司文化”认同度的平均分是3.330；③员工对“我会积极宣传公司和维护公司形象”认同度的平均分为3.416。见表3所列。

表3　企业文化角度认同度打分表

占比（%） 问项	强烈反对 （1分）	反对 （2分）	一般 （3分）	赞同 （4分）	强烈赞同 （5分）	平均分
我十分清楚公司目标	12.50	12.50	20.83	45.83	8.33	3.250
我在入职后能够很快融入公司和熟悉工作内容，并认同公司文化	8.33	12.50	29.17	37.50	12.50	3.330
我会积极宣传公司和维护公司形象	16.67	16.67	4.17	33.33	29.17	3.416

表3数据显示，员工对于企业文化还是比较认同的，大多数员工对

于公司的目标比较了解，并且能够在入职后很快适应公司环境和认同公司文化，在社会上也能够做到积极维护和宣传公司形象，这和营销管理部长期以来的部门文化建设是分不开的。

（4）员工关系角度分析。①员工对“我的上级很容易沟通”认同度的平均分是 3.200；②员工对“我在入职后能够很快融入公司和熟悉工作内容，并认同公司文化”认同度的平均分是 3.500；③员工对“我经常参与决策”认同度的平均分为 2.625。见表 4 所列。

表 4　员工关系角度认同度打分表

问项 \ 占比（%）	强烈反对（1 分）	反对（2 分）	一般（3 分）	赞同（4 分）	强烈赞同（5 分）	平均分
我的上级很容易沟通	16.67	8.33	20.83	45.83	8.33	3.200
我所在的部门工作氛围融洽	12.50	0	33.33	33.33	20.83	3.500
我经常参与决策	20.83	20.83	3.33	25	0	2.625

表 4 数据显示，营销管理部的员工认为自己在与上级的沟通方面还是比较顺畅的，这与营销管理部的工作性质有密切关系，需要经常和上级沟通相关事宜，并且大多数人认为部门内的工作氛围还是比较融洽的；但是在参与决策方面的平均分较低，大多数员工认为自己并不经常参与决策，很多员工只是在完成上级安排的工作任务和每月要求的工作绩效，部门内大部分事宜都由领导决策。

（四）安徽×地产公司实施 HRBP 问题分析

从上述的访谈和问卷调查结果可以看出，安徽×地产公司在推行 HRBP 管理模式以来，出现的问题主要为以下三个方面。

1. 招聘过程中 HRBP 对业务工作不熟悉

在招聘模块中，很多员工认为目前部门内设置的 HRBP 对自己的工作内容不是特别熟悉，没有结合自己部门需求来进行招聘工作。

2. 培训内容不能满足员工需求

在部门的培训工作中，HRBP 对员工的职业生涯规划指导方面没有做好，部门主要看重业绩和产出，对于员工的个人成长和发展问题并不是特别关心，且没有按照部门人员的实际需求来提供相对应的培训课程，在课程培训的实用性方面也有待改进。

3. 员工在部门中的决策参与度不高

员工关系方面，部门员工参与决策方面的平均分较低，大多数员工认为自己并不经常参与决策，很多员工只是在完成上级安排的工作任务和每月要求的工作绩效，部门内大部分事宜都由领导决策。

四、安徽×地产公司 HRBP 运行问题的原因分析

调研发现，安徽×地产公司设置 HRBP 的 1 年多以来，运行过程中出现的主要问题为招聘过程中 HRBP 对业务工作不熟悉、培训内容不能满足员工需求、员工在部门中的决策参与度不高，原因主要为缺失 HRSSC 和 HRCOE、HRBP 角色定位不明确、岗位职责不清晰、招聘过程中 HRBP 对业务的影响力不强且事务性工作过多、培训需求较被动且缺乏员工的职业生涯规划、部门主管重视关键业绩指标忽略员工想法。

（一）HR 三支柱架构不完整

目前公司的人力资源架构主要是在六大模块的基础上，在营销管理部增加了 HRBP，但并未对整个组织的架构进行完全改革。人力资源部在营销管理部门中设立 HRBP 的目的是希望从人力资源的视角来发现部门中的主要问题并给予专业支持，但并未考虑到 HRBP 的角色不是单一出现，没有设置人力资源共享服务中心和人力资源专家中心提供专业支持。例如，在部门内部，由于公司对营销 HRBP 的职能定位不清，所以 HRBP 负责部门内所有的人力资源管理工作，事务烦琐，难以脱身，缺少 HRSSC 提供基础的事务支持；在项目推进的过程中，最终的解决方案也没有 HRCOE 给予专业性的评判。

（二）HRBP 角色定位不明确，岗位职责不清晰

营销管理部门中的 HRBP 人员在设置时并没有明确其具体职责，

只是对设置的目的进行了简单规定，分别为配合营销管理部门负责人做好人力资源管理工作和贯彻推行公司的各项人力资源管理政策及制度规范，其角色定位不明确。HRBP 是从人力资源部中选拔，人员并不具备业务基础，相较于之前的人力工作，并不清楚自己需要转变哪些工作内容和工作职责，不明白自己的工作重心，工作内容和工作结果难以量化，岗位职责不清晰，以至于 HRBP 在工作内容上与之前所做的人力工作无异。

（三）招聘过程中 HRBP 对业务的影响力不强，事务性工作过多

由于缺乏对营销 HRBP 岗位任职资格的管理规定，此岗位上的人员都是直接从人力资源部选拔，他们长期从事人力资源管理工作，既没有营销业务背景，也不了解营销业务；同时公司对于选拔的 HRBP 人员也没有进行相关业务知识的培训辅导，导致 HRBP 人员对于部门业务工作不熟悉。对于营销部门主管的专业咨询，HRBP 只能进行问题的诊断，而无法设计出更贴合营销问题本身的解决方案，无法将业务问题归因到组织人力资源问题去突破解决，并不能够实际帮助到营销部门主管。

安徽×地产公司现行的 HRBP 运行模式中，人力资源管理者须处理大量的事务性工作，且在空间上远离业务部门，所以无法详细了解业务部门的工作内容与招聘需求。HRBP 仍须参与招聘过程中的所有工作，同时员工普遍反映 HRBP 的工作重心还只是停留在传统 HR 的基础事务性的工作层面，并未深入业务一线。

（四）培训需求较被动且缺乏员工的职业生涯规划

大部分员工认为公司没有为自己提供职业生涯规划。营销管理部主要就是为了营销业绩而工作，并没有明晰的员工职业生涯规划，部门中有少量管培生，但只占一小部分，员工并不了解自己的努力方向。部门中的 HRBP 人员没有很好地与员工进行沟通，没有从业务和个人发展角度给员工提供支持，员工的工作内容和状态没有达到自己的预期可能就会选择离开。

大多数员工认为部门目前安排的培训不能满足自己的需求。因为目前营销管理部的 HRBP 人员主要是从人力资源部直调，他们缺乏相关业务背景，不了解业务部门的发展需要哪些技能，也不清楚业务面临的困难，不能及时反馈需求、按照需求来进行培训课程的安排和指导。

（五）部门主管重视关键业绩指标，忽略员工想法

有一部分员工认为自己在部门中对于参与决策的感受度不高；大部分员工认为自己的上级很好沟通，说明部门中的领导会和员工进行沟通，但是最终决策都是落在了部门主管的身上，员工参与不多。HRBP 在其中并没有完全发挥自己的作用，随着近几年房地产行业的飞速发展，安徽×地产公司也面临着更高的绩效指标要求，但营销部门自身组织整体管理风格偏于野蛮，营销体系的管理者们工作重心更多的只是聚焦在部门关键业绩指标上，缺乏组织发展的战略思维及人力管理能力；同时人力资源部当下更多的职能也停留在静态的管理上，如停留在保障性的人事工作，致使员工在部门中的决策参与度不高。

五、安徽×地产公司 HRBP 优化方案

（一）完善 HR 三支柱组织架构

人力资源业务合作伙伴（HRBP）与人力资源专家中心（HRCOE）、人力资源共享服务中心（HRSSC）共同形成了现代人力资源管理的三支柱模型，HRCOE 的支持可以使 HRBP 就业务工作提供有针对性的咨询，并解决问题；HRSSC 的参与可以使 HRBP 减少人力资源流程性的事务工作，更加重视对业务工作和战略的研究，发挥 HRBP 的作用。但从公司现有的人力资源组织架构图中我们可以了解到，与之配套的 HRCOE 和 HRSSC 都缺失，所有人事工作都由 HRBP 完成，要想有效地落实 HRBP 管理模式，首先必须完善三支柱模型。

根据安徽×地产公司人力资源管理架构现状，要对其组织架构进行一定的优化设计，主要是在人力系统内设置 HRCOE 和 HRSSC，具体的方案如图 3 所示。

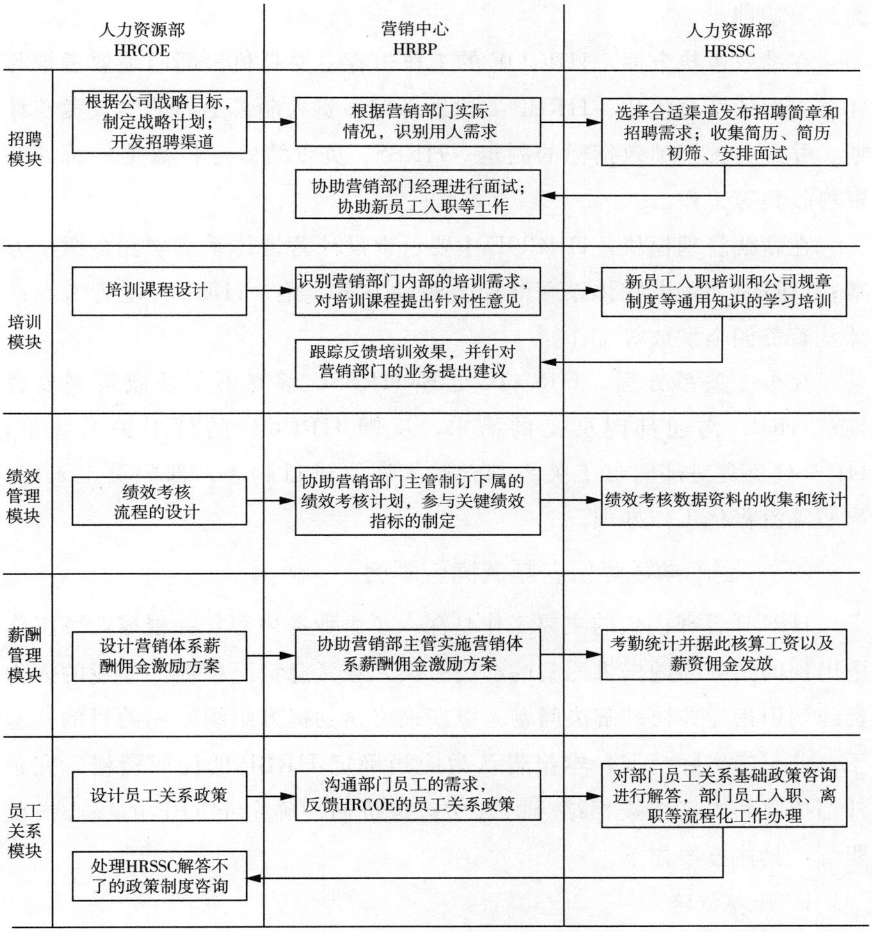

图 3　安徽×地产公司三支柱运行泳道图

在招聘模块，HRCOE 负责招聘渠道的开发、人才培养规划等工作；HRBP 和营销部对接，根据部门实际情况识别用人需求；HRSSC 发布招聘需求，并进行收集简历、简历初筛、安排面试等工作。

在培训模块，HRCOE 负责设计部门员工职业发展体系和内部导师培养机制；HRBP 要找出部门员工的培训需求，并针对培训效果进行流程跟踪；HRSSC 主要负责员工入职培训以及公司规章制度等通用知识的学习培训。

在绩效考核方面，HRCOE 的工作内容主要是负责部门绩效考核与佣金方案的结合优化；HRBP 要协助部门负责人制订下属的绩效考核计划，并参与关键绩效指标的制定；HRSSC 负责绩效考核数据的统计和资料收集等工作。

在薪酬管理模块，HRCOE 主要负责设计营销体系薪酬佣金激励方案；HRBP 协助营销体系薪酬佣金激励方案实施；HRSSC 主管考勤统计、薪资佣金发放等工作。

在员工关系方面，HRCOE 处理 HRSSC 解答不了的政策制度咨询；HRBP 沟通部门员工的需求，反馈 HRCOE 的员工关系政策；HRSSC 负责对部门员工关系基础政策咨询进行解答，部门员工入职、离职等流程化工作办理。

（二）明晰角色定位，厘清岗位职责

HRBP 管理模式的主要工作是深入了解业务内容，并根据业务工作中出现的实际问题提供配套的解决方案，在紧急情况中提供专业的人力资源知识指导并协助解决问题，以期最终达到提升组织效能的目的。基于×公司的实际情况，本报告认为应当确定 HRBP 的任职资格，完善外部招聘和内部选拔相结合的人才选拔机制，确定 HRBP 的核心岗位职责，具体方案如下。

1. 外部招聘

招聘的选拔标准应具备以下 5 个条件：①人力资源管理、市场营销等相关专业，全日制本科及以上学历；②大中型房地产行业或各大代理公司从事 HRBP 工作 3 年以上经历，全国地产排名 TOP10 管培生背景优先；③具有营销体系 HR 系统架构能力，擅长人才挖掘、人才培养及人才梯队建设；④具备较强的业务理解能力、计划执行能力、资源整合能力、团队建设能力、沟通协调能力、文字表达能力及学习能力；⑤较高的职业素养，较强的管理意识，清晰的管理思路，心态平和、责任心强。

2. 内部选拔

表 5　HRBP 人员内部选拔要求

来源	职级要求	任职要求
人力资源管理部	人力资源部高绩效高潜力储备人员	① 精通多模块管理经验，对营销工作具备一定的业务理解能力 ② 对 HRBP 工作有激情，接受过 HRBP 管理专业培训或者具备 HRBP 工作经验的优先
营销管理部	营销部门高绩效高潜力储备人员	① 营销部门业务骨干，具备一定人员管理经验 ② 具备业务解读、HR 战略思维能力与连接能力

3. 核心岗位职责

（1）对接业务第一责任人，实现人力资源部门与营销部门的有效连接。

（2）参与营销部门的战略规划，并负责制定相对应的人力资源规划、人力资源管理策略。

（3）帮助营销部负责人诊断部门问题，提供诊断工具，同时联合 HRCOE，为营销部门提供解决方案。

（4）帮助营销部门负责人运营整个团队，完善团队培养体系，健全核心岗位干部管理办法，完成组织赋能，最后实现组织能力提升。

（5）负责搭建营销团队沟通平台、整合资源，满足业务成长需求。

（6）解决员工问题，为员工解决各种共性问题和个性问题，为员工提供 HR 政策咨询。

（7）助力管理者，成为工作好搭档，同时辅导管理者成长。

（三）招聘中减少事务性工作，增强对业务的影响力

HRBP 人员必须具备专业的人力资源管理知识和相关的业务理解能

力、业务敏感度以及项目咨询能力。在人员的选拔方面，可以采用内部选拔和外部招聘相结合的方式，既要有具备专业知识的人力资源部的人员，也要有熟悉营销管理工作内容的精英。在招聘流程方面，HRBP 要和 HRCOE 和 HRSSC 紧密配合，HRCOE 根据公司战略发展需要提出招聘计划，HRBP 根据营销部门的实际情况挖掘招聘需求并协助营销部门主管进行面试等工作，招聘渠道的选择、简历的发布和初筛以及面试接待等工作主要由 HRSSC 来完成。

（四）提供职业生涯规划课程辅导，主动询问培训需求

HRBP 可以在每周的例会或者在月末总结大会上和部门员工进行沟通，询问其工作困难，广泛听取员工的声音。在安排培训之前让部门员工填写问卷，调查他们在工作中的实际需求，并按照员工的需求进行培训课程人选、目标、内容的确定；每次培训都要安排专员全程跟进，并在培训结束后的 1 周内进行回访，调研培训在工作中的实用性；在新员工入职和年终时邀请专业人员进行职业生涯规划培训，了解部门员工的目标、帮助其确定努力方向。

（五）设立匿名信箱，提高员工决策参与度

在员工关系方面，HRBP 要做好与部门主管的沟通，协调部门主管和员工的关系，构建团结、奋进、互相关心的工作氛围；在对部门的业务工作进行调整或者设立绩效目标时，可以邀请员工参与讨论，所提出的建议一经采纳，根据贡献度的大小给予 50～200 元不等的现金奖励；公布建议投递邮箱，员工可将自己的建议匿名发送给部门主管人员。

参考文献

[1] 张正堂．HR 三支柱转型：人力资源管理的新逻辑［M］．北京：机械工业出版社，2018.

[2] 徐升华．解密 HRBP 发展与体系构建［M］．北京：企业管理出版社，2015.

[3] 吴孝健，寇卫豪．基于 HRBP 管理模式下的招聘体系优化——

以×公司为例［J］. 中国人力资源开发，2015（20）：11－15.

［4］葛明磊，高欣东，张闪闪. 懂专业还是懂业务？多元逻辑视角下 HRBP 培养机理研究——华为公司项目 HRBP 赋能案例［J］. 中国人力资源开发，2020（6）：72－84.

［5］刘松博，裴珊珊，梁爽. 我国 HRBP 胜任力研究［J］. 中国人力资源开发，2016（6）：34－39.

［6］何筠，王萌. 基于互联网招聘的 HRBP 岗位职责和胜任力研究［J］. 企业经济，2016（8）：117－121.

［7］荆全忠，孙小艳. HRBP 模式实施有效性及其影响因素研究［J］. 中国人力资源开发，2017（10）：76－89.

［8］何斌，王沁橙，李媛媛，等. 政委体系：让 HR 与业务无缝连接［J］. 企业管理，2017（8）：66－68.

［9］易湖停，刘翔宇. HR 三支柱创新型人力资源管理模式：案例探索与落地建议［J］. 领导科学，2019（20）：91－94.

［10］饶荣豪，段承瑶. 人力资源业务伙伴模式研究的知识结构与发展趋势——基于知识图谱的分析［J］. 外国经济与管理，2017（4）：98－116，128.

［11］王晓林. 基于三支柱理论的人力资源组织再造研究：以 SXGP 为例［J］. 中国人力资源开发，2016（24）：46－58，94.

［12］李艾琳，何景熙. 共享经济视角下人力资源管理职能的变革——以华为 HRBP 为案例［J］. 中国人力资源开发，2016（24）：54－57,93.

［13］陈洪权，陈舒文. 人力资源部被“炸掉”之后——基于 HRBP 战略本土化转型思考［J］. 中国人力资源开发，2015（20）：16－21.

［14］葛明磊. 项目 HRBP 后备人才培养的探索性研究——以华为公司为例［J］. 中国人力资源开发，2015（18）：11－19.

［15］易晓芳. ZY 公司组织变革管理中 HRBP 角色定位研究［J］. 中国人力资源开发，2015（20）：22－28.

[16] 高宁峰．基于人才培养的人力资源管理模式思考 [J]．中国注册会计师，2015 (2)：74－77.

[17] 蔡成喜，刘越．HRBP 转型路径研究——基于战略柔性角度 [J]．中国人力资源开发，2013 (17)：39－43.

[18] 孙永波，胡晓鹃，丁沂昕．员工培训、工作重塑与主动性行为——任务情境的调节作用 [J]．外国经济与管理，2020 (1)：70－84.

[19] 常金玲，裴阳，任照博．企业培训到知识管理的变革——以中兴通讯为例 [J]．中国人力资源开发，2018 (8)：126－134.

[20] 彭剑锋．中国企业 HR 三支柱的变革挑战与模式重构 [J]．中外企业文化，2017 (7)：44－51.

[21] 王辉，杨锐鸽．基于冰山模型的企业 HRBP 胜任力研究 [J]．湖南工程学院学报（社会科学版），2017 (3)：11－15.

[22] Martin McCracken，Paula O'Kane，Travor C. Brown，Mark McCrory. Human resource business partner lifecycle model：exploring how the relationship between HRBPs and their line manager partners evolves [J]. *Human Resource Management Journal*，2017 (1)：58－74.

[23] Liangtie Dai，Jun Qiu. Human Resource Business Partner Mode Transformation Practice in a Chinese State-Owned Company [J]. *Journal of Human Resource and Sustainability Studies*，2016 (4)：32－38.

附录 1　访谈提纲

【访谈目的】　访谈主要是从安徽×地产公司的人力资源架构、在营销管理部设置 HRBP 的原因、部门人数、HRBP 工作内容、实施的现状及遇到的问题等方面了解基本情况。

【访谈对象】　安徽×地产公司营销管理部 HRBP、人力资源部中高层管理者。

【访谈时长】 5～10 分钟。

【访谈问题】

1. 请问贵公司人力资源的组织架构大概是怎样的？分为哪几个部分？

2. 请问贵公司的 HRBP 成立于什么时候？

3. 请问在营销管理部设置 HRBP 的原因是什么呢？

4. 请简单介绍一下部门概况？包括部门的人数、组织分工和人员配置等。

5. 可以简单介绍一下您所在部门 HRBP 的工作内容吗？

6. 目前部门在人力资源或者其他领域面临的主要困惑是什么？这些困惑对部门或者公司的业务有哪些威胁？

以上信息我已基本了解并记录，谢谢您接受访谈，祝您工作顺利！

附录 2　调查问卷样卷

营销管理部 HRBP 实施情况调查问卷

尊敬的先生/女士：

您好！我是来自安徽建筑大学 2017 级人力资源管理专业的一名大四学生，正在对贵部门中 HRBP 实施效果进行调研，本问卷采取匿名方式填写，调查结果将用于撰写毕业设计，恳请您抽出 2～3 分钟填写这份问卷。

1. 您认为 HRBP 的工作任务应该有哪些？

A. 反馈和解决部门发展需求，提供专业建议和支持。

B. 营造良好员工关系。

C. 贯彻推行总部人力资源政策，协助实现部门工作绩效。

D. 招聘和人才配置优化工作。

E. 落实推进绩效考核政策与工作。

（以下题目请您根据实际情况选择，第 1 个代表“强烈反对”，第 5 个代表“强烈赞同”，从 1—5 代表赞同程度依次增加）

2. 我所在的部门在招聘过程中严格按照岗位说明书的内容和要求

来进行招聘工作。

3. 目前部门内设置的 HRBP 主管或专员对我的工作内容十分了解。
4. HRBP 主管或专员角色的工作贯穿我所在部门招聘工作的全过程。
5. 公司为我提供了职业生涯规划指导。
6. 目前部门内安排的培训满足我的需求。
7. 目前安排的培训能够解决我的工作难题。
8. 我对培训讲师的人选十分满意。
9. 我十分清楚公司目标。
10. 我在入职后能够很快融入公司和熟悉工作内容，并认同公司文化。
11. 我的上级很容易沟通。
12. 公司为我提供了很好的福利待遇。
13. 我所在的部门工作氛围融洽。
14. 我经常参与决策。
15. 部门内的员工考核制度很公平。
16. 我会积极宣传公司和维护公司形象。
17. 我对部门内设置的 HRBP 主管或专员的工作很满意。

感谢您的填写，祝您工作顺利！

《安徽×地产公司 HRBP 优化方案》点评

指导老师：陈松林

一、毕业设计选题优秀

（一）具备较好的前提条件

（1）选题来源：该同学的好友在×地产公司任中层干部，就该公司

HRBP 的发展问题提供了选题线索和较充分的信息，选题具有现实意义。

（2）双导师情况：新华控股集团人力资源总监孙世同为该生校外导师，他在行业背景介绍、调研设计、方案设计、方案质询环节起到帮助学生拓展思路、注重实操的作用。

（3）调研条件：该同学的好友在提供资料、联系访谈、组织发放问卷方面能够提供有效的帮助。

（二）符合选题的基本原则

（1）与专业相关，小题大做。设计内容涉及组织管理、岗位管理、招聘管理、培训管理、职业发展、企业文化等，符合人力资源管理专业人才的培养要求。该同学若以调查研究中发现的 HRBP 发展问题为选题，题目较大，好在该同学将研究对象聚焦在问题突出的营销部门 HRBP。

（2）与企业相关，做真题。选题针对×地产公司 HRBP 发展的现实痛点问题，是真题。

（3）与职业相关，真做题。选题与该同学的好友所担任的职务工作有关，毕业设计的过程也是协助其发现、分析、解决问题的过程，该同学在好友的支持下，认真地开展了调查研究，提出了问题解决方案。

（三）选题质量达到 A 级

（1）选题与专业的符合度达到 A 级。选题明确，与本专业密切相关，符合专业培养目标。

（2）选题应用性程度达到 A 级。产生于毕业设计单位人力资源管理的实际问题，属于真实选题。

（3）选题的难度适当。适合该同学的知识和能力状况。

（4）题目的规范性和严谨性达到 A 级。题目表述规范，用词严谨准确。

二、文献研究科学高效

（1）搜索方法简单有效。在中国知网搜索和主题相关的核心期刊论文，利用当当网搜索相关专著，利用百度搜索标杆企业华为案例。

（2）筛选方法快捷有用。主要根据文献的相似性、近3～5年发表、研究水平三个标准进行判断和选择。

（3）综述方法有述有评。重点总结和评价了以往学者对HRBP概念、实践、发展问题与对策的研究成果。

三、调查研究抓住要害

（1）访谈调研聚焦企业痛点。访谈重点是营销管理部设置HRBP的原因、部门人数、HRBP工作内容、实施的现状及遇到的问题。

（2）问卷调研结合行业特点。结合地产行业HRBP实践过程中的主要工作内容，从招聘、培训、员工关系、企业文化方面设计问卷。

四、研究报告整体优秀

（一）正文内容丰富、层次清晰、有创新点

（1）绪论内容完整、描述准确。清晰说明了毕业设计要解决的问题和背景、研究的目的和意义、研究方法。

（2）文献综述质量优秀。该同学消化吸收了文献中与自己的研究密切相关的内容，用简练易懂的语言总结和评价了文章的观点。

（3）现状调研报告质量优秀。该同学完整、清晰、准确地汇报了调研设计、调研过程和调研结果。

（4）问题解决方案系统规划，科学可行。在分析营销管理部HRBP发展问题的基础上，系统提出了完善HR三支柱组织架构、明晰角色定位、厘清岗位职责、熟悉业务内容、提高自身素质、招聘中HRBP增强对业务的影响力、主动询问员工培训需求且提供职业生涯规划、设立匿名信箱和员工奖励制度的优化措施，科学可行。

（二）摘要、参考文献及附录的内容合理且形式规范

（1）摘要内容完整、高度概括。摘要说明了研究背景、对象、方法、内容和设计方案要点，十分明确和恰当。

（2）参考文献符合要求。列举 2 本专著、19 篇中文期刊论文、2 篇英文期刊论文，内容与主题相关，格式排版符合规范要求。

（3）附录访谈提纲和调查问卷具有参考价值。调研设计部分交代了该同学的构思，对于相同主题的毕业设计具有参考价值。

第十一章　招聘管理优化设计案例

《××公司教育事业群员工离职管理优化方案》报告

作者：代婧贤

（安徽建筑大学公共管理学院人力资源管理专业 2021 届毕业生）

摘　要： 员工离职管理既是吸引、选择和发展企业所需人才的重要工作，也是塑造、维护和传播雇主品牌形象的重要手段，本文以××公司教育事业群 2020 年 328 名离职员工为研究对象，以文献法和调查法为研究方法，发现离职的原因主要是职业发展及薪资福利问题，有针对性地提出员工离职预警、员工离职沟通和离职员工关系管理优化方案。

关键词： 离职；项目管理；雇主品牌

一、绪论

（一）设计背景

××公司教育事业群正式成立于 2016 年，树立成为全球教育综合服务行业引领者，用人工智能持续推动教育进步的美好愿景。覆盖 B 端、C 端、G 端，构建了“教学评价与管理”全场景智能教育产品体系，有效推动了教育教学模式的创新，为各类用户提供更加全面精准的产品和服务。××公司教育事业群组织结构见表 1 所列。

表 1　教育事业群组织结构

一级部门	组织	二级部门
教育事业群	产品中心	课堂产品线
		个册产品线
		学习机产品线
		互联网教学产品线
		智慧管理产品线
		精准教学产品线
		质量检测产品线
		AI 创新教育产品线
		共享产品线
		易听说产品线
		考试业务部
		高教业务部
	解决方案中心	方案咨询部
		集成交付部
		解决方案运作支持部
	业务中台	技术平台部
		服务支持部
		个性化教育研发部
		教学资源研发部
		作业产品线
	中枢系统	运作支持部
		市场部

职位类型包含产品类、研发测试类、教研资源类、市场咨询类、交付服务运营类、职能支撑类、管理类。事业群有 P 和 M 两个序列，P（profession）指专业序列，M（management）指管理序列，P 序列共有 P1、P2、P3、P4、P5 五个职级划分，P1 是经验有限的基层业务实施

群体，掌握单一领域内的单一技能或知识点，这种知识往往较少地在工作中实践过，P1员工在事业群定位为实习生；P2是有经验的基层服务业务系统实施主体，具有一定基础的和必要的知识、技能，这种知识和技能集中于本专业中的一个研究领域，已经在实际工作中多次得以实践并应用；P3是被视为本领域内经验丰富的核心骨干力量，具有全面的良好的知识和技能，在主要专业领域内是精通的，并充分了解本专业领域内的知识能力，能够运用知识解决实际问题；P4是专家，全面了解本专业的知识和技能，并能熟练掌握和应用，能解决实际问题；P5是业内权威和领袖，具有博大精深的知识和技能，对本专业业务处理流程有全面、深刻的理解，能够看到本质并解决问题。

事业群属于互联网＋教育行业，具有高技术依赖特征，相较于其他行业，知识型员工占比较高，事业群人数约为2900人。表2为人员分布一览表。

表2　人员分布一览表

组织	员工占比（%）	职位类型	员工占比（%）
产品中心	57	研发测试类	34
解决方案中心	33	交付服务运营类	31
业务中台	5	教研资源类	12
中枢系统	5	职能支撑类	7
职级	员工占比（%）	产品类	6
P2	31	市场咨询类	6
P3	52	管理类	4
P4	13	学历	员工占比（%）
P5	4	本科及以上	93
—	—	硕士	20

笔者于2020年4月进入××公司教育事业群人力资源部担任人力资源助理一职，至2021年4月。在工作过程中，笔者关注到事业群员

工离职问题严重。一方面，事业群工作一般以团队方式进行，员工离职会影响团队整体运作进度，扰乱团队凝聚力，招聘的新员工再次融入团队也需要一定时间，且存在风险；另一方面，知识型员工所从事的并非替代性高的工作内容，由于较难寻找合适人才，故容易造成招聘成本的浪费。离职员工在外是企业最真实的活广告，是企业雇主品牌形象的宣传者和维护者，若不能较好地处理员工离职问题，不仅不能挽回企业在离职员工心中的形象，也可能会影响求职者对企业的评价以及看法，动摇他们对于所应聘公司的信任和雇主品牌形象的树立。作为智慧教育行业的领军企业，如何降低知识型员工的离职率、留住合适的人才是事业群亟待解决的问题。

（二）设计目的及意义

设计目的在于通过对事业群离职员工的回访，了解离职员工反馈问题，通过对回访材料的分析及整理，找出目前事业群员工离职的原因，提出系统完善的事业群员工离职管理优化方案，从根本上降低员工离职率，树立良好的雇主品牌形象。

设计意义在于帮助事业群解决员工离职的痛点问题，对已离职员工来说，离职管理具有一定的人才开发价值，能更好地帮助已离职员工回流，推动离职员工进行举荐；具有一定的知识管理价值，能够推动知识经验技能的交流与分享，帮助挖掘潜在客户，发现新的商业合作机会；具有一定的品牌推广价值，帮助优化员工体验，传播雇主品牌。对在职员工来说，具有一定的管理价值，有利于帮助事业群深挖员工离职原因，推动管理改善，优化在职员工工作体验感以及提升员工满意度。

（三）设计方法

1. 文献法

笔者利用安徽建筑大学图书馆图书、互联网，整理了大量与互联网企业员工离职、雇主品牌管理、员工激励相关的文献及资料，这为本次毕业设计奠定了理论基础，提供了撰写思路。

2. 访谈法

笔者自2020年4月任职事业群人力资源助理一职，其中一项工作内容为定期对已离职人员进行回访。本人结合事业群回访要求，设计了访谈提纲，对已离职的同事进行电话回访，了解其主要离职原因以及对反映问题的建议，为设计优化方案提供依据。

3. 资料分析法

于笔者个人来说，单人回访数量有限，且到本部门工作的时间不长，想了解事业群整体离职状况较为困难，于是请部门同事发送了一些与离职管理相关的资料（经过公司领导允许），这为我做毕业设计提供了更为全面的数据基础。

4. 统计分析法

汇总整理事业群已离职员工的电话回访材料，对离职原因进行归类统计，通过Excel软件对离职率进行统计，用折线图反映；对离职员工的离职原因进行统计，用柱状图反映。从职级、职类、绩效、年龄、司龄等各个角度描述离职人员的特点，反映离职人员分布情况。

二、文献综述

（一）互联网企业员工离职的原因

1. 对职业发展的担忧

蔡娟（2015）发现，互联网企业员工离职的最主要原因在于对个人职业发展前景的担忧，互联网企业内部竞争非常激烈，许多人看不到在本企业本岗位的未来。其以北京地区20家代表性互联网企业作为调查样本，发现员工离职的原因95%是认为发展前景渺茫。

2. 工作投入大于实际回报造成不满意

康雨佳（2020）认为，互联网企业员工薪酬满意度越低，离职意向越大，越容易产生离职行为，这意味着当互联网企业员工感觉到所获薪酬无法满足所需时，离职意愿较强。蔡娟（2015）以北京地区20家代表性互联网企业为调查样本，发现员工离职原因80%是认为薪资福利待遇低，由于公司的管理制度不是很完善，许多员工不接受加班多福利少的环境，且直接上级难以判断团队每个人的产出，对于个人的努力和回报分配不公平，也会造成员工离职。倪渊（2017）认为，互联网创业公司员工离职倾向的产生原因之一为投入回报。

3. 个人价值观影响

陈春花（2016）认为，随着互联网行业的迅速崛起，员工个人价值逐渐凸显，当员工把公司看作职业发展的一个平台而非一定只在这个公司生存发展时，工作只是为了提升个人能力而非长期为组织贡献。所以当员工将企业仅看作职业发展的一个平台，认为离职是正常的职业道路选择时，离职行为带来的心理负担相对较轻。个人心理压力不大，员工更容易离职。当员工更看重对一个组织的归属感及组织对个人的关怀度时，则不容易产生离职倾向，所以当员工的职业忠诚度高于雇主忠诚度时，更容易产生离职倾向。

（二）互联网企业员工离职的对策

1. 招聘端口把握

康雨佳（2020）认为，互联网企业应当从招聘端口开始改进招聘和录用体系，充分了解候选人的背景，比如薪酬背景、晋升背景、家庭情况等，在面试过程中加强了解候选人对于应聘岗位的理解以及自身与本岗位的差距，对于应聘企业文化的认可度，减少面试时面试官与候选人信息传达不准确所导致的入职后离职。

2. 实施组织职业生涯管理

倪渊（2017）认为，互联网创业公司管理者在关注业务发展的同时，也要关注核心员工的情感变化以便于及时作出调整措施，保证他们能够长期为组织发展贡献力量。蔡叶欣（2014）认为，有效降低员工职业压力可从两方面入手：一是从企业层面进行管理；二是从个人层面采取行动，个人行动有可能使离职倾向升高，企业进行相应管理旨在降低离职倾向，但一定要实施得当。

3. 建立完善的激励机制

蔡娟（2015）认为，互联网企业应该建立完善的激励机制。对一些中高层管理岗进行招聘时，以内部竞聘为主，以外部招聘为辅；当一些员工为组织作出重大贡献或者工作了一定年限且取得了不错的绩效考核成绩时，可给予部分股票或期权奖励。为员工规划长远的职业发展路径，帮助其树立清晰的职业发展目标。赵继新（2018）认为，互联网公司一方面可通过股权激励等方式来提高核心员工的薪资福利待遇；另一方面也可优化亲属福利政策，来提高员工及其亲属的满意度，进而提升员工的责任感与归属感。

4. 完善薪酬福利体系

许瑞媛（2018）认为，互联网企业应当完善薪酬福利体系。在不同的生命周期，企业管理应当及时调整薪酬设计策略，可以引入宽带薪酬理念，科学合理地设置每一层级的梯度，加强对员工的激励。企业要严格遵守劳动法律法规，公示薪酬福利政策等事关职工切身利益的重大事项，确保薪酬决策过程和结果公平透明。构建体验式激励平台，根据员工的工作情况，采用平台积分制（可在客户、上下级、同事之间传递积分制），员工可以根据自己的需要在平台上进行积分兑换。蔡娟（2015）认为，互联网企业管理者应该关注工作本身是否有吸引力，营造有挑战性的工作环境，引导树立“工作报酬就是工作本身”的价值观，让员工在团队协作中发挥个人潜力，实现自我价值。

以往学者从招聘端口、员工职业生涯管理、绩效机制、薪酬机制等方面进行了探索，提出了对应的解决思路，但是这些思路均被定位为员工离职管理的独立事件，是针对单点问题提出的解决方案，并未转变为“持续性的项目管理”，不贯穿从员工入职前到员工离职后的全过程，不利于离职管理流程化、制度化。

（三）互联网企业离职管理的先进经验

1. 惠普公司：握手话别，陪送“嫁妆”

惠普公司员工离职时，会举行告别晚会。欢送会通常由员工的直属上司召集，邀请与员工同级的人参加，加强情感沟通，倾听离职者的真实感受。惠普公司对待离职员工的态度是：包容、感激、痛快说再见。

一名离开惠普的员工说，惠普公司每年要花费大量的人力物力财力对员工进行培训，帮助员工掌握新技能，所以有些人当时选择进入惠普就是为了学习，为自己镀一层金。对此，公司领导层表示，这些人选择进入惠普说明惠普对于员工的培训受到了外界认可，当这些人想离开时，我们也不会强留，强留无论对于公司还是员工来说都不见得是一个好的选择。

2. 摩托罗拉：不计前嫌，好马回头

摩托罗拉很重视离职员工的回流，为此建立了优秀员工回流政策。回聘的目的就是将原先在公司业绩考核还不错的离职员工再次吸收回来，让其再次为组织做贡献。对此，摩托罗拉对于优秀员工设置的回聘制度是离职未超过 6 个月的可为其保留工龄，离职超过 6 个月的根据其原先服务年限给予奖励，若是通过试用期的正式员工离职且离职不超过半年，则免除试用期。

3. 麦肯锡公司：建立“毕业生网络”

该公司认为，员工等于学生，离职等于离校，因此该公司有在全球各处工作的“校友”，并建立了一个名为“麦肯锡校友登记处”(McKinsey Alumni Register) 的前员工关系数据库，其中包含离职员工的基本个人信息，其中不乏各类社会精英。

4. 腾讯：“南极圈”

针对离职群体，腾讯会有专人进行长期的联络和维护；“南极圈”根据地域分区来组织一些线下的活动，大家在一起吐槽目前遇到的问题，有什么样的需求，腾讯尽可能提供内部的对接，在能够跟腾讯产生较大利益关系的时候，公司能第一时间站出来，把这些人再吸收回来。员工离职后，他们的联系方式还有今后的走向，腾讯会安排专人不断地跟进，HR 能够知道这些人在做什么，同时利用各种机会跟他们产生关联，让离开的员工知道腾讯还在关注着自己，这是用人方面非常好的一种长线联络方式。

5. 阿里巴巴：同学会

为离职员工创办“同学会”。在阿里巴巴里，同事叫“同学”，离职叫“毕业”，而在公司内部还存在着一个部门叫“离职人员组织文化部”，专门组织离职员工的各项活动，比如每年的离职员工大会（被称为“阿里同学会”），每年都有上千名提前“毕业”的“同学”从世界各地赶来参加。比如2016年，阿里巴巴选择在感恩节这一天举办校友会，感恩离职的员工曾为公司付出过的努力和奉献过的青春。对于离职员工，阿里巴巴一直持理解和祝福态度。阿里巴巴的每位员工都有专属于自己的工号，并且永久保留，哪怕只是短暂地工作过1天。对于离职员工，阿里也会尽量促进合作，让离职员工从“校友”变成合作伙伴。

三、××公司事业群员工离职现状调查

（一）调研设计

1. 访谈调研设计

访谈对象为事业群离职员工，访谈内容详见附录。第1题反映员工离职的主要原因，第2题反映员工对于薪酬福利的感受，第3题反映员工对于工作压力的感受，第4题反映员工对工作内容的感受，第5题反映员工对于晋升通道的感受，第6题反映员工对于公司培训制度的感受，第7题反映员工回到×公司工作的意愿，第8题反映员工目前的工作情况。

2. 资料调研设计

笔者在事业群任人力资源助理一职，由于岗位级别较低且属于实习生身份，只能接触到部分离职回访数据，无权限查看相关核心数据，但本人实习时间较长且实习表现较为突出，与相关领导沟通后终于获取本设计所需资料。

（二）调研过程

2020年4—10月，笔者和人力资源部同事针对事业群在周期内所有离职员工进行电话回访，共回访328人，但并不是所有离职员工都能联系上，能联系上的也并非都配合工作，故有效电访结果为277人，有效率为84.45％，因访谈对象均来自事业群，且涵盖了事业群所有产品

线的离职员工，所以访谈数据能有效反映事业群员工离职的真实情况。

（三）调研结果

1. 整体离职情况

2020 年整体离职情况见表 3 所列。图 1 显示：截至 2020 年 10 月，事业群整体员工离职率较 2019 年略有上升，2020 年 7—9 月离职率受组织绩效挂钩、低绩效优化、加班统计等人力政策影响；2020 年 7 月起人员离职异常增加，10 月起逐渐趋于稳定。

表 3　离职情况

类型	人数	离职率
	2020 年 3—10 月	2020 年 3—10 月
离职	328	11.5%

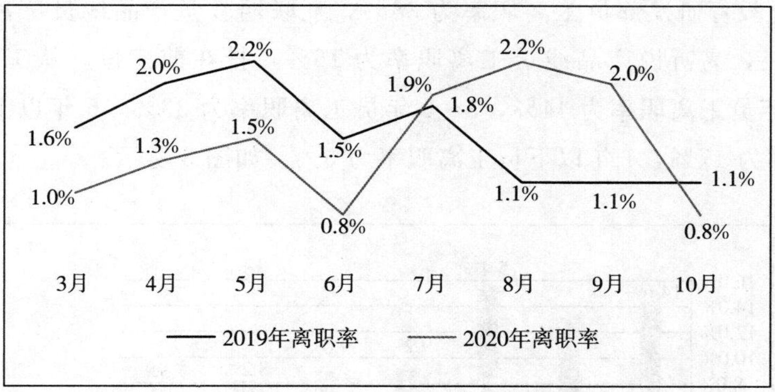

图 1　2019 年、2020 年离职率趋势

2. 离职员工的各类差异分析

（1）离职员工的职级差异。从职级看，P5 离职率最高，达到 16.7%；P4 离职率最低，为 5.7%。低职级员工流失仍较严重，如图 2 所示。

（2）离职员工的职类差异。从事业群职类看，教研资源类和产品类员工离职率相对较高，其中教研资源类员工离职率达到 15.4%。现定

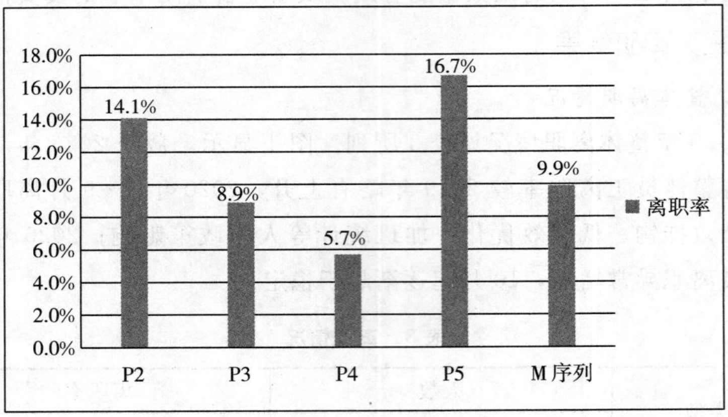

图 2　离职率（职级）

向分析教研资源类和产品类离职员工部门及工龄差异，从二级部门看，个性化教育研发部员工离职率为 38%，互联网教学产品线员工离职率为 22%，易听说产品线员工离职率为 16%，排在前三位。从工龄看，1～3 年员工离职率为 44%，3～5 年员工离职率为 33%，5 年以上员工离职率为 17%，1 年以下员工离职率为 6%。如图 3 所示。

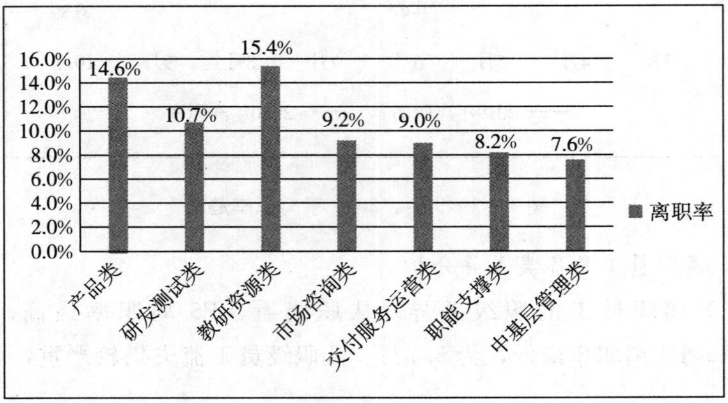

图 3　离职率（职类）

（3）离职员工的年龄差异。从年龄看，26～30 岁人员离职率最高，达到 12.3%，即 30 岁以下人员流动性较大，如图 4 所示。

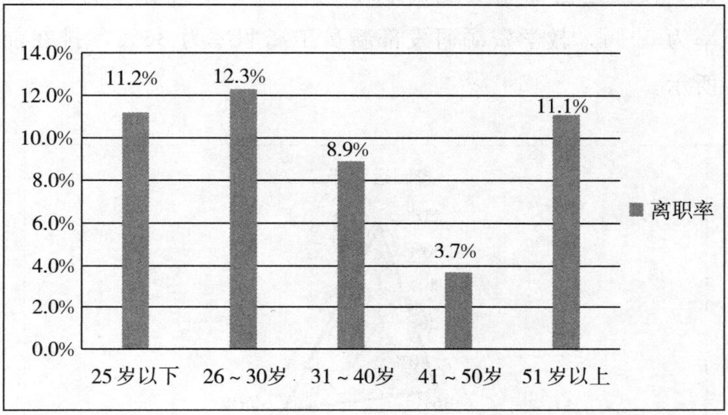

图 4　离职率（年龄）

（4）离职员工的司龄差异。从司龄看，司龄在 6 个月内的人员和 1～3 年司龄的人员离职率相对较高，其中试用期（司龄 6 个月内）人员离职率达到 13.8%，新员工流失严重，如图 5 所示。

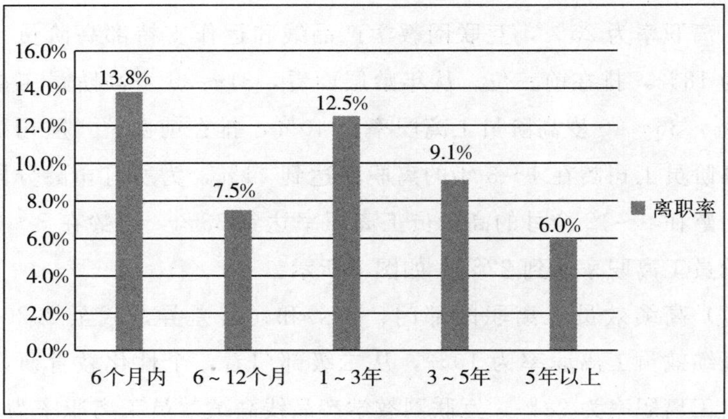

图 5　离职率（司龄）

（5）新员工离职的部门差异。从新员工离职来看，产品运营序列和教育序列新员工离职占比较高，集中在二级部门校园运营部和个性化教育研发部，校园运营部新员工离职率达74%，个性化教育研发部新员工离职率为59%，教学资源研发部新员工离职率为36%，排在前三位，如图6所示。

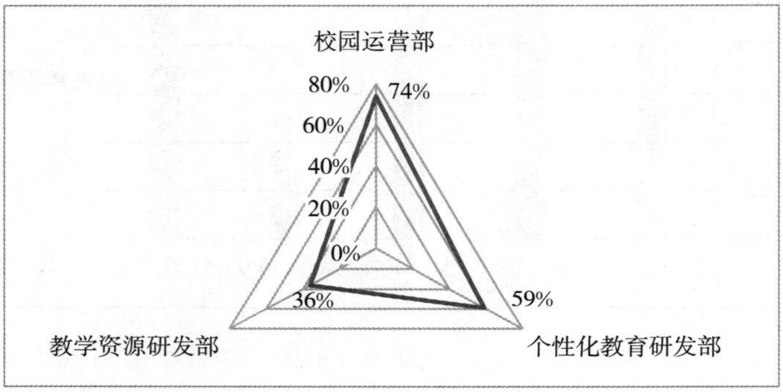

图6　新员工离职TOP3部门

（6）高阶员工离职的部门、年龄和司龄差异。截至2020年10月，高阶人员（P4以上）离职率为10.8%，从二级部门看，课堂产品线高阶员工离职率为25%，互联网教学产品线和运作支持部高阶员工离职率均为18%，排在前三位。从年龄层面看，31～35岁高阶员工离职率为50%，36～40岁高阶员工离职率为40%，排在前两位。从司龄层面看，高阶员工司龄在1～3年的离职率达到44%，为所有司龄分段中最高；司龄在6～12个月的高阶员工离职率达到33%，司龄在3～6个月的高阶员工离职率达到22%。如图7所示。

（7）高绩效员工离职的部门、年龄和司龄差异。截至2020年11月，高绩效员工离职率为10%，从二级部门看，个性化教育研发部高绩效员工离职率为28%，互联网教学产品线高绩效员工离职率为27%，智慧管理产品线高绩效员工离职率为20%，排名前三位。从年龄看，26～30岁的高绩效员工离职率为62%，31～35岁的高绩效员工离职率

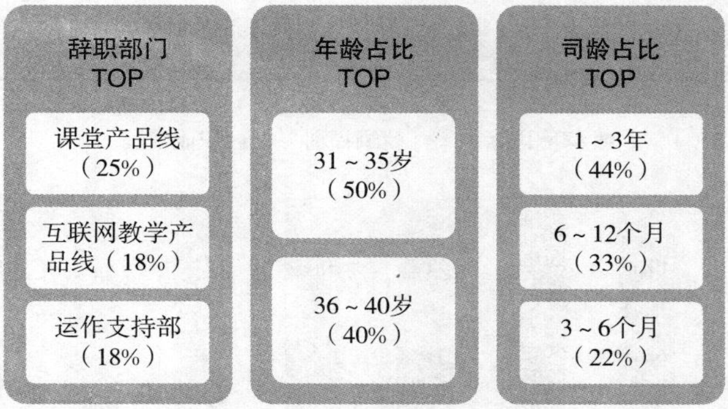

图 7　高阶员工离职情况

为 27%，排名前两位。从司龄看，司龄在 1～3 年的高绩效员工离职率为 66%，司龄在 3～5 年的的高绩效员工离职率为 24%，排名前两位。如图 8 所示。

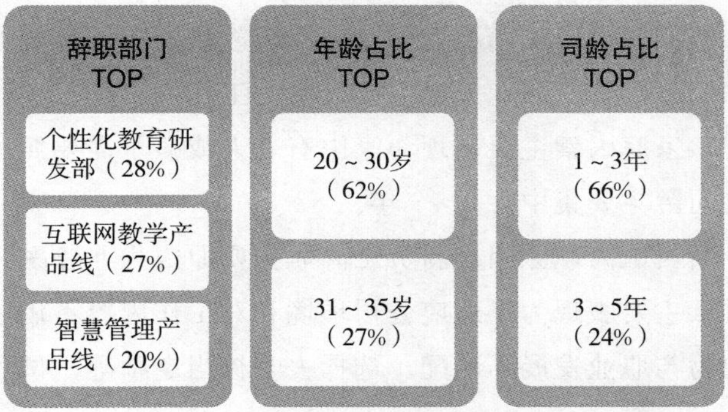

图 8　高绩效员工离职情况

3. 离职原因分析

（1）整体离职原因分析。根据访谈调研结果，第 1 题反映事业群员工主要离职原因为：职业发展与薪酬福利；第 2、3 题反映事业群员工主要离职原因为薪资较低且倒挂严重、涨薪幅度小、覆盖范围少、付出与回报不成正比等；第 4－6 题反映事业群员工主要离职原因为公司职业发展机会与个人发展规划不同，没有提升发展空间，如图 9 所示。

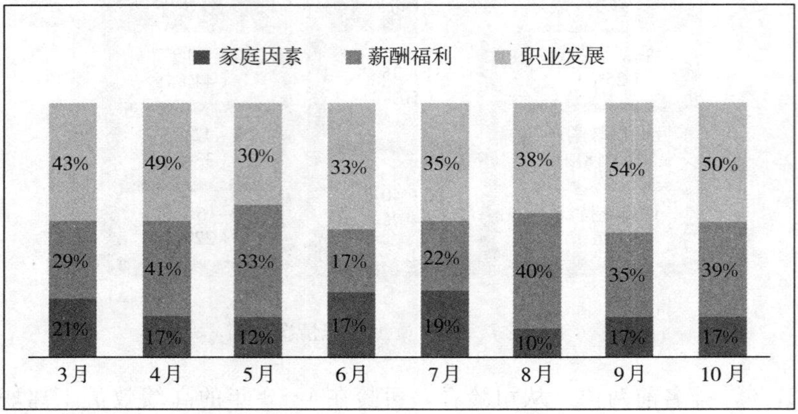

图 9　整体离职原因分析

（2）离职员工的各类差异的原因分析。

第一，不同职类员工离职差异的原因。教研资源类离职原因主要为职业发展和家庭因素：职业发展主要表现为工作内容过于单一，与职业发展不匹配；家庭因素主要表现为家中有老人或孩子需要照顾，这部分离职员工的司龄主要集中在 1～3 年。

第二，新员工离职原因。新员工离职主要原因为业务融入和职业发展：业务融入主要表现为不适应公司环境和对工作内容不满意，职业发展主要表现为与职业发展不匹配、选择去学校当老师等。试用期员工流动性较大。

第三，高阶员工离职原因。高阶员工离职的原因中家庭因素的占比达 60％，具体表现为需要照顾家庭；离职原因中职业发展因素的占比为 60％，具体表现为工作内容与职业规划不匹配。

第四，高绩效员工离职原因。高绩效员工离职的原因中职业发展因素的占比为 35％，具体表现为发展空间受限；离职原因中薪酬福利因素的占比为 30％，具体表现为薪资没有提升。

4. 离职员工的就业去向及回流意愿

表 4　离职后就业去向

离职去向	人数	占比（%）
教育	53	43
互联网	34	28
金融	6	5
事业单位	5	4
医疗	3	2
政府机构	3	2
其他	11	9
不方便透露	7	6

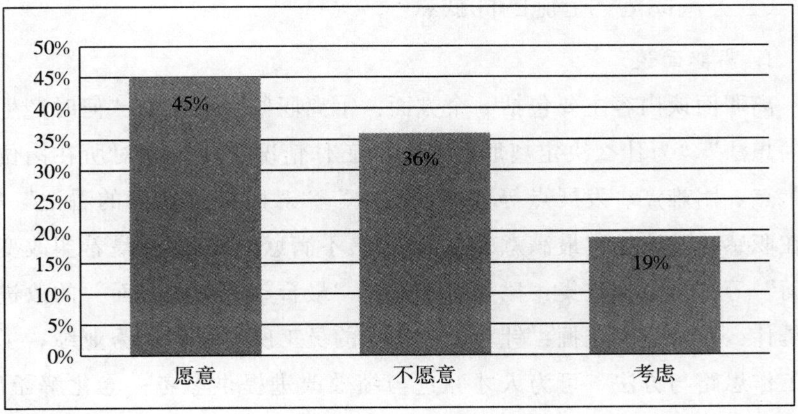

图 10　回流意愿

四、事业群员工离职管理措施分析

（一）离职预警措施的优缺点

1. 离职预警

员工关系专员在接收到所负责业务部门的员工有离职意向时，须及时发邮件向该员工所处业务部门的部门领导、直接上级、导师、HRBP等报备，反馈员工问题，做好离职预警。

2. 离职预警的优点

发出离职预警能够为事业群留出时间去挽留员工，若员工执意要离开则能预留出充足的时间安排本职位的替补及交接工作；若一段时间内该部门集中出现离职预警，则表示该部门管理上可能出现了问题，须及时做好调整和防控。

3. 离职预警的缺点

事业群从员工有离职意向时才开始做离职预警，没有将离职管理转化为“持续性项目管理”；但离职管理不应该是一个个独立事件，应从员工入职就已经开始。相关部门应把离职管理看作“持续性项目管理”，而不应该等到问题暴露出来再去解决。

（二）离职沟通措施的优缺点

1. 离职面谈

离职面谈内容主要包括8个方面：①离职原因：比如“何时产生离职的想法”“为什么决定离职”等；②工作情况：比如“对所在岗位的贡献点、困难点、发展点等方面的看法”“对团队及领导的看法”等；③在职感受：比如“最满意的方面”“最不满意的方面”“最希望改变的方面”等；④意见收集：比如对于上述“最希望改变的方面”的改进建议是什么；⑤能力挖掘：针对绩效优异的员工所取得的优秀业绩，了解其工作思路与方法，可为人才甄选与绩效改进提供参考；⑥化解矛盾：化解离职员工的不满情绪；⑦若员工入职其他公司，则了解新公司的吸引点；⑧其他：员工表达的自主想法。

2. 离职面谈的优点

人之将走，其言也真。离职面谈有利于最后一次挽回员工；有利于了解到更真实的员工离职原因，进而解决问题；有利于促进公司与员工的正面沟通，化解矛盾；有利于做好最后一步的员工关怀，维护雇主的品牌形象。

3. 离职面谈的缺点

在员工提出离职的节点进行离职面谈，员工可能会由于某些顾虑而不将自己真实的离职原因或对公司的真实感受全盘说明，造成信息失真。

（三）离职员工关系维护措施的优缺点

1. 离职回访

事业群目前对离职员工关系维护采取离职回访措施。回访一般会安排在员工离职后的 30～45 天内。目的是进一步确认离职的真实原因；针对员工不满的地方若存在片面意见则可进行解答，排除员工对公司的一些误解等。对于离职回访收集的信息进行有效甄别，双向印证。若离职员工对某事件提出负面意见，人力资源管理者会就此事件向该离职员工的上司以及同事了解相关信息，最后对多方信息进行综合判断，以此来确定该反馈信息是否需要进一步跟进改善措施。整合分析面谈的信息以及回访收集的信息，提炼有利于企业发展的内容，改进企业确实存在的问题与不足。根据离职回访信息进行诊断与分析，并与业务部门或人力资源部门一同讨论得出结论，最后确定改进方案。

2. 离职回访的优点

事业群通过离职回访询问旧雇员的现状，进一步了解新公司吸引人才之处和行业相关信息；另外，在回访时能够了解到更多离职员工真正的离职原因并进行内部改善；在回访过程中，事业群也可以了解离职员工的返聘意愿，这有助于事业群吸引优秀离职员工再入职。

3. 离职回访的缺点

（1）未搭建沟通交流体系。

第一，员工离职后，事业群除离职回访外并未采取其他措施，员工离职后便成为与公司不再有任何联系的个体，也没有专人与其进行长期的联络和维护，没有做好相应的关怀，没有让员工感知到事业群感恩员工、重视人才的理念。在腾讯公司，有专人对于离职群体进行长期联络和维护。

第二，没有构建离职员工的社群组织，不能及时与已离职员工同步事业群最新发展、成就、接下来的规划等信息，不利于离职员工的回流。麦肯锡公司建立的校友网络并进行定期维护被证实有较大的回报。

第三，没有定期组织邀请离职员工参加的线下活动，线下活动是维护与离职员工感情的关键举措，可以了解他们的最新动态、目前所遇到的问题及今后的走向，才能更好地促进人才回流或有朝一日重新利用这些“跑了”的人力资源，做到人才流而不“失”。阿里巴巴设立了一个部门叫“离职人员组织文化部”，专门组织离职员工的各项活动。

（2）未搭建人才回流制度。事业群未针对离职员工搭建正规返聘制度或有针对性的流程渠道，未落实离职员工回流的人力优惠政策，诸如保留工号、保留工龄等，人才的回流目前主要还是通过业务领导（或其他同事）私下联系并推荐再入职，不利于对离职员工的管理。摩托罗拉制定的回流制度更利于离职员工再次返回工作。

五、事业群员工离职管理优化方案

（一）离职预警优化措施

1. 新员工保留措施

新员工入职前的入职周期一般在 30 天左右，在这 30 天中，HR 应定期与其沟通，充分了解待入职人员的最近情况、希望 HR 解决的问题等；除了 HR 的沟通，业务负责人也可以定期与待入职人员沟通，介绍业务的发展情况、业务对其的期待，让待入职人员感到被认可、被关注、被需要。

新员工入职后，公司指派的导师针对新员工特点定制试用期成长计划，以月度评估员工工作表现及产出，让员工感知到被重视。新员工入职一周内，HR 应进行电话回访，及时了解新员工的思想动态，提升员工的满意度。

2. 员工分类保留措施

（1）在职员工：加强各类员工的识别与盘点，强化员工的岗位能力、明确员工的成长路径，定期向员工同步组织发展规划，让员工对于自己在组织内的价值有清晰的认知。通过识别人才、培养人才、牵引人才、助力人才4个关键步骤，提升人才队伍厚度（质量和后备数量），夯实人才底盘，驱动组织能力的提升，以人才驱动组织能力提高。针对关键人才，将高阶员工、高绩效员工纳入关键人才培养计划，提高关键人才培养的针对性，定期与其进行思想交流，提升关键人才的稳定性。

例如，针对运作支持部成员开展的培养计划，将培养群体分为管理岗位和专业岗位，对于管理岗位的成员，基于不同类型的人才画像，对管理人才进行了分层分级，将识别出的人才分为“后备”“高潜”“在职”“新任”4部分，分别开展“后备培养”“高潜加速”“在职赋能”“新任转型”4个模块的培养与发展规划。对于专业岗位成员，将根据不同专业线，分模块、分环节地开展线上（学习地图）＋线下（专业大讲堂）的培养与发展规划。

（2）高绩效员工：对连续2年年终绩效为B及以上的高绩效员工进行维护，针对个人绩效表现情况进行单点调薪。

（3）异地员工：逢中秋、春节等重大节假日向异地员工传送节日祝福，寄送礼品，如零食箱、××公司定制礼物等。

（二）离职沟通优化措施

一般情况下，面谈由人力资源部门进行。若是高绩效员工离职，则人力资源部门先对其进行访谈，再根据访谈情况决定是否需要将部门主管纳入，以便让其了解员工的真实意见和反馈。同时，应设立信息共享机制，确保人力资源部和部门主管都可以获取完整的员工离职信息。另外，为了提高离职员工表达的离职原因的真实性，企业除了针对离职员工本人以外，也可以尝试与其直线上司和其他同事沟通，以此获得更为全面的反馈。但需要注意的是，在离职访谈时，企业须事先判别部门主管（或直线上司）是否导致该员工离职的原因之一，若是则须避免其参与直接访谈。面谈人员应选择相对年长、日常待人较为和善的女员工，此举是为了让员工能够放心与访谈人敞开心扉，进而了解其离职的真实原因。

访谈应该选择在相对轻松舒适的地方进行，包括准备有助于舒缓气氛、缓解情绪的饮料。面谈时间最好控制在20～40分钟，若时间太短太仓促，不适合深入沟通，也可能让员工觉得不被尊重；若时间过长，可能会出现尴尬的沉默气氛。另外，离职者的个人基本信息、离职申请书、以往绩效考核表也应妥善准备，以切实掌握员工离职的真正原因，这也可让离职者感受到面谈者对于一个当事人的重视度。在沟通过程中，循序渐进才能获得有价值的信息，HR可以给员工倒杯茶水，以营造轻松的氛围，可以将手机调成振动模式，让员工感知到自己离职是被足够重视的。当离职员工处于防御状态时，HR应该及时关心其感受，不要突然介入问题，不要做出任何承诺。最重要的是要把面谈的要点记录下来，以便以后分析整理，做一个好的倾听者在沟通中更重要。面谈后，要把对话记录进行整理，根据内容分析、梳理员工离职的真实原因，并提出改进建议，防止类似事情再次发生。

（三）离职员工关系维护优化措施

1. 搭建沟通交流体系

在集团数据库里保留所有离职员工的信息，数据库权限向人力资源业务伙伴（HRBP）与招聘团队开放。员工离职时，人力资源部会通过离职访谈来了解员工的返聘意愿，并留下有意愿者的其他联系方式。

关怀措施：每逢中国传统节日及离职员工生日时，采用电话或者短信的方式对离职员工进行关怀，若有资金支持则可以选择寄送礼品、贺卡等。

社群运营：安排专人对离职群体进行长期联络和维护，分享企业最新进展和最近成就，推送企业信息，让他们能随时关注到事业群的发展变化；除此之外，还能通过离职员工获取一些竞品公司最新消息，打探对手情况，做到知己知彼。

线下活动：建立官方“老友会”等线下离职员工组织，邀请离职员工参加事业群活动。如茶话会：由主持人带领，活动内容以沟通交流为主；户外活动：组织离职员工参与当地知名的徒步活动等；室内活动：举办以促进人际网络为目的的娱乐游戏；晚餐会：安排离职员工参加晚餐，并为其准备纪念礼品。

在人员选拔上设置条件：该员工在职时的绩效考核须位于中等及以上水平。沟通方式：人力资源部与符合标准的离职员工电话沟通，根据其意愿度确定参加名单。须注意的是，虽然人力资源部是“老友会”的发起者和组织者，但在投入资金时，人力资源部只承担基本活动费用，其他费用均由运营部门承担。运营部在活动过程中担任赞助者的角色，为活动提供饮品等所需物品。人力资源部须对活动进行效果评估，并将结果反馈至运营部，可从出席率、信息传递、简历数量、招聘数量等维度进行综合评估。

2. 搭建离职员工回流机制

表5　回流机制

明确回流条件	回流人员条件
	回流次数
	时间限制
制定回流管理政策	试用期规定
	起薪点
	工龄计算方法
设定回流方式	简单高效
回顾员工档案	审视过去在公司的绩效表现与工作情况
重新评估经验与能力	确保人岗匹配
深度交谈	分析回流原因
	评估稳定性

应注意重点询问员工回流原因，以避免发生员工再次流失的状况。若员工选择回来是因为薪资福利，即发现还是原公司的待遇好，则让这类员工回来时须谨慎。

参考文献

[1] 倪渊．新生代知识型员工离职倾向影响因素——基于互联网创业公司的实证研究 [J]．北京理工大学学报（社会科学版），2017 (1)：108－115.

[2] 康雨佳，潘攀．基于 TPB 理论的互联网企业知识型员工离职影响因素分析 [J]．经营与管理，2020 (1)：71－76.

[3] 赵继新，王梦茜，赵大丽．基于 Price－Mueller 模型的互联网公司员工离职影响因素研究 [J]．河北经贸大学学报，2018 (5)：93－101.

[4] 许瑞媛．互联网时代下我国企业员工离职新思考 [J]．环渤海经济瞭望，2018 (5)：26－27.

[5] 蔡娟．互联网企业员工离职原因及对策研究 [J]．人力资源管理，2015 (11)：34.

[6] 张昊民，林丽娟，马君．管理员工离职的"互联网＋"思维 [J]．企业管理，2015 (8)：26－28.

[7] 赵晓．从万科肖莉离职看地产业互联网震荡 [J]．中外管理，2014 (12)：20.

[8] 方登科．"互联网＋"时代核心员工离职创新管理之策 [J]．领导科学，2019 (4)：87－89.

[9] 卜文珂，赵蒙恩，齐佩金，等．员工敬业度对新生代员工离职倾向的影响——组织认同的中介作用 [J]．南昌师范学院学报，2020 (5)：19－22.

[10] 李扬．国有企业员工幸福感对离职倾向的影响研究 [J]．企业改革与管理，2020 (20)：53－54.

[11] 张琼，吴真．幼儿教师工作压力对离职意向的影响：职业倦怠的中介作用 [J]．河南科技学院学报，2020 (12)：12－17.

[12] 禹航．90 后员工离职趋向——工作满意度研究文献综述

[J]．广西质量监督导报，2019（11）：49－51.

[13] 李宪印，杨博旭，姜丽萍，等．职业生涯早期员工的工作满意度、组织承诺与离职倾向关系研究[J]．中国软科学，2018（1）：163－170.

[14] 程垦，林英晖．组织支持一致性与新生代员工离职意愿：员工幸福感的中介作用[J]．心理学报，2017（12）：1570－1580.

[15] 陈青花．共享时代的到来需要管理新范式[J]．管理学报，2016（2）：157－164.

[16] Anthony C. Klotz，Mark C. Bolino. Saying Goodbye：The Nature，Causes，and Consequences of Employee Resignation Styles [J]．*The Journal of appolied Psychology*，2016（10）；1386－1404.

[17] Thomas W. Lee，Peter W. Hom，Marion B. Eberly，etc. On The Next Decade Of Research In Voluntary Employee Turnover [J]．*Academy of Management Perspectives*，2017（3）：201－221.

附录 1　访谈提纲

【访谈目的】

1. 了解员工离职的原因和想法，对个人发展的考虑和设想；

2. 了解员工对公司、主管和同事的评价，进一步确认其离职的真实原因；

3. 善意提醒其应注意的违约责任、附属协议和禁止条款；

4. 关注员工的离职反应；

5. 就员工本人关注的问题进行解答和提供咨询，排除员工对公司的一些误解等。

【访谈对象】　××公司教育事业群所有离职员工。

【访谈时长】　20～30 分钟。

【访谈问题】

1. 是什么因素让您选择离开××公司？

2. 您对公司目前的薪酬体系是否满意，觉得付出和收获可以成正比吗？

3. 您觉得××公司的工作强度怎么样？

4. 您觉得工作内容符合您的预期吗？

5. 您对公司的晋升渠道满意吗？

6. 公司是否会定期举行专业技能培训，能否满足您的需求？

7. 如果有合适的机会，愿意回××公司吗？

8. 方便了解下您目前工作的基本情况吗？

《××公司教育事业群员工离职管理优化方案》点评

指导老师：陈松林

一、毕业设计选题优秀

（一）具备良好的前提条件

（1）选题来源：该同学2020年4月进入××公司人力资源部实习，担任人力资源助理近1年，在工作过程中，其关注到事业群员工离职问题严重。

（2）双导师情况：佳通轮胎（中国）投资有限公司人力资源部总经理助理宋敬为该生校外导师，其在调研设计、方案设计、方案质询环节起到帮助该生拓展思路、注重实操的作用。

（3）调研条件：选题与该生实习工作内容高度一致，在征得部门领导同意后，该生能够利用工作过程中接触到的管理文件、数据进行研究。

（二）符合选题的基本原则

（1）与专业相关，小题大做。设计内容涉及招聘管理、员工关系管理，符合人力资源管理专业人才培养要求，该生以实习工作中发现的员工离职问题为选题，题目不大，从系统管理的要求看，可以从离职前预警、离职中沟通、离职后关系维护的视角，构建员工离职管理系统。

（2）与企业相关，做真题。选题针对××公司教育事业群人力资源管理的现实痛点问题，是真题。

（3）与职业相关，真做题。选题与人力资源助理工作紧密相关，毕业设计的过程也是调研、思考、总结实际工作，不断提高工作能力的过程，该生实实在在投入了大量时间和精力去分析和解决问题。

（三）选题质量达到A级

（1）选题与专业的符合度达到A级。选题明确，与本专业密切相关，符合专业培养目标。

（2）选题应用性程度达到A级。选题产生于实习单位人力资源管理的实际问题，属于真实选题。

（3）选题的难度适当。适合该生的知识和能力状况。

（4）题目的规范性和严谨性达到A级。题目表述规范，用词严谨准确。

二、文献研究科学高效

（1）搜索方法简单有效。在中国知网搜索与主题相关的期刊论文，在百度搜索知名企业员工离职管理先进经验，目的是找到员工离职管理的相关学术研究成果，以及解决员工离职问题的先进经验，为调研设计、方案设计提供借鉴。

（2）筛选方法快捷有用。主要根据文献的相似性、近3～5年发表、研究水平3个标准进行判断和选择。

（3）综述方法有述有评。重点总结和评价了以往学者对员工离职原因和对策的研究成果，以及知名企业员工离职管理的先进经验。

三、调查研究全面深入

（1）访谈调研内容全面。访谈题目立足于员工离职回访，着重挖掘员工离职原因，充分考虑了造成员工离职的各种因素。

（2）资料调研数据翔实。该生实习岗位级别较低，只能接触到部分离职回访数据，无权限查看事业群员工离职的核心数据；但该生实习时间较长且实习表现较为突出，在与相关领导沟通后获取到本设计所需资料。

四、研究报告整体优秀

（一）正文内容丰富、层次清晰、有创新点

（1）绪论内容完整、描述准确。清晰说明了毕业设计要解决的问题和背景、研究的目的和意义、研究方法。

（2）文献综述质量优秀。该生消化吸收了文献中与自己的研究密切相关的内容，用简练易懂的语言总结和评价了文献的观点。

（3）现状调研报告质量优秀。该生完整、清晰、准确地汇报了调研设计、调研过程和调研结果。

（4）问题解决方案科学可行，有创新点。在分析员工离职管理现行措施的优缺点的基础上，结合员工离职数据，提出了有针对性的解决方案，科学可行。创新点在于提出改变员工离职管理是独立事件、针对单点问题提出解决方案的做法，建议用“持续性的项目管理”的系统观点，贯穿于员工入职前到员工离职后的全过程，实现离职管理流程化、制度化。

（二）摘要、参考文献及附录的内容合理且形式规范

（1）摘要内容完整、高度概括。摘要说明了研究意义、对象、方法、内容和设计方案要点，十分明确和恰当。

（2）参考文献符合要求。列举了15篇中文期刊论文、2篇英文期刊论文，内容与主题相关，格式排版符合规范要求。

（3）附录（访谈提纲）具有参考价值。访谈提纲是该生实习工作的内容，对于相同主题的毕业设计具有参考价值。

第十二章　培训管理优化设计案例

《××公司基于岗位胜任力模型的汽车销售人员培训体系构建》报告

作者：汪莉蓉

（安徽建筑大学公共管理学院人力资源管理专业 2021 届毕业生）

摘　要：目前在国内汽车行业不断发展的背景下，汽车价格大幅度下降，居民收入增加，人民对汽车的消费需求快速增长。在多方面原因共同促进下，汽车销售类公司越来越关注汽车销售人员的个人素质的提升。岗位胜任力模型在企业人力资源管理中发挥越来越重要的作用，通过岗位胜任力模型来构建培训体系已经是很多公司的选择。岗位胜任力模型的建立，可以促进培训体系的完善。本研究以××公司基于岗位胜任力模型的汽车销售人员培训体系构建为研究对象，首先通过问卷调查确立汽车销售人员的岗位胜任力，随后构建其岗位胜任力模型，再通过发放问卷的形式了解××公司的培训现状，分析其培训存在的问题。经过研究分析发现，××公司目前的培训体系存在许多问题，主要体现在课程体系不完整，师资体系单薄、不完善，缺少有计划的培训，培训的保障方面做得不够全面，缺少培训后的评估。××公司需要构建一个较完善的培训体系，来解决培训中的问题。针对××公司的问题提出对策，主要有构建汽车销售人员的岗位胜任力模型、明确培训需求、完善培训保障、提高培训的师资力量和强化效果评估。整个从构建汽车销售人员的岗位胜任力模型到分析培训问题，再到培训体系的构建的过程和结果，对其他汽车销售公司有着一定借鉴意义。

关键词： 汽车销售人员；岗位胜任力模型；培训体系

一、绪论

（一）研究背景

随着国内经济的不断发展，道路建设不断完善，越来越多的人选择购买私家车出行。大量的消费需求推动着汽车销售行业蓬勃发展，汽车销售人员的数量也在不断增加；但随着汽车行业的发展和消费者对服务行业的要求不断提高，汽车销售人员的素质也应提高。我国汽车行业在新中国成立后才逐渐发展，相应的汽车人才也比较少，销售人才就更少了。在近些年的发展过程中，虽然行业和人才都在发展，但很多汽车销售人员的实际能力和素质并没有随之提高，和现实要求还存在距离，在销售过程中存在或大或小的问题，如服务态度差、不了解国家政策、专业问题了解不够深入等，提高汽车销售人员的能力已经是每家汽车销售企业要解决的问题。

岗位胜任力模型从诞生以来就备受企业关注和重视，人力资源的多个模块都与它有着密切的联系。首先，它给企业招聘提供了任职资格和筛选标准；其次，它也是企业对员工进行绩效考核的重要内容，从而影响薪酬的发放和管理；最后，其可明确员工胜任岗位所需的能力和当下还缺少的能力。

（二）研究目的

本研究采用了问卷调查法、直接观察法和文献分析法，建立了一个具有针对性的岗位胜任力模型，以期为××公司今后的汽车销售人员的培训提供培训体系和方法，提高汽车销售人员的职业素质。汽车销售人员的素质、能力直接决定其能够卖出多少汽车，也决定了公司的未来发展。与此同时，该岗位胜任力模型还进一步完善了薪酬体系、开展培训计划、丰富组织绩效考核方法、提供汽车销售人员的选拔依据等。

（三）研究意义

本研究对构建××公司培训体系，培训其销售人员具有现实指导意义；可以提高汽车销售人员的职业素质，为员工的技能发展提供渠道，吸引和留住销售人才；可以更好地服务消费者，提高公司的销量，提升公司的竞争力。同时，这次研究也可检验自己所学的专业知识，提高自己的分析与解决问题的能力。

（四）文献综述

1. 国外研究动态

《为私人俱乐部经理建立胜任力模型》（Jason P 等，2012）搜集了大量样本用于探索性因子分析和确定性因子分析，建立了一种胜任力模型。《基于岗位能力模式的煤炭企业中层管理人员培训制度设计》（Xu Hong-hua 等，2009）在大量研究国内外成果的前提下，运用德尔菲法建立了管理人员通用模型。可以看到国外研究倾向于利用大量数据建立偏向通用型的岗位胜任力模型。

2. 国内研究动态

《TC 公司销售人员培训问题研究》（夏叶，2018）、《××公司销售人员培训体系构建研究》（路法林，2014）等，在大量研究国内外论文成果的基础上，通过问卷调查法、访谈法、实地观察法等从某一公司的培训现状和问题出发，探寻其成因，进而从培训需求分析、培训目标和内容、培训评估考核和培训保障等方面，提出改进公司培训的方案。《基于岗位胜任力的科研企业新员工培训分析》（毛凌，2019）指出，岗位胜任力模型是指在一个特定的组织中，促使员工胜任本岗位工作并在该岗位上完成某项工作或达成某项业绩的一系列不同胜任力要素的组合。《构建岗位胜任力模型》（李娟等，2020）认为，岗位胜任力是指处于一个特定的条件中，拥有胜任力的员工与一般员工之间所表现出来的差别，具体包括三方面内容：行为能力、职业能力和战略综合能力。《构建基于岗位胜任力模型的员工发展体系》（赵海林等，2020）提出，岗位能力模型主要包含知识、能力、技能、特质四个部分。《基于岗位胜任力模型的企业培训课程体系建设》（陈樱，2016）认为，岗位胜任力模型具有战略导向性、时效性、针对性、超前性和递进性。虽然各个学者对岗位胜任力模型的定义存在些许偏差，但是都对岗位胜任力模型对于培训的益处给予了肯定，并且认为企业有必要建立岗位胜任力模型，根据岗位胜任力模型进行培训。

综上所述，国内外关于岗位胜任力模型的文献研究丰富，对本研究具有重要的参考意义，但还存在一些不足，具体表现在以下方面。

（1）在现有的研究中，西方学者研究的内容和方向与我国学者的并不完全相似，在培训构建中，西方倾向用大数据构建通用模型，而国内则针对某一企业，提出特定培训体系。

（2）虽然研究构建培训体系的文献较多，但关于构建销售人员培训体系的文献较少，关于构建汽车销售人员培训体系的文献就更少了。

（五）研究思路

按照“明确概念—文献分析—岗位胜任力模型构建和问题研究—培训体系构建”的思路展开研究。

首先，在明确岗位胜任力、岗位胜任力模型和培训体系等概念的基础上，查看相关文献。然后，通过问卷调查法和直接观察法建立汽车销售人员的岗位胜任力模型，分析××公司的培训现状及问题。最后，根据建立的岗位胜任力模型，优化××公司的培训体系。

（六）研究方法

（1）本研究在知网、万方等渠道收集关于岗位胜任力模型、培训体系和销售人员培训的相关文献，进行对比分析。

（2）本文以××公司为例，分析公司的培训现状，以汽车销售人员的岗位胜任力模型为基础，结合培训体系相关知识，以期完善××公司的培训体系。

（3）问卷调查法是以标准化问卷形式列出一系列问题，要求调查对象就问题进行打分。设计调查问卷后，调查汽车销售人员的工作特征，以及现有培训的现状及实行情况，收集相关数据，为发现问题提供依据。

(4) 观察法是通过到工作现场，观察员工表现，发现问题，获取相关信息。

二、相关概念界定

(一) 胜任力

“胜任力”的概念是由哈佛大学教授戴维·麦克利兰在 1973 年提出，是指能够将一项工作中的卓越者和普通者区分开来的个人深层次特征，可以是动机、特质、自我形象、态度或价值观、某领域知识、认知或行为技能等任何可以被可靠测量或计数的，并且能显著区分优秀与一般的个体特征。

(二) 岗位胜任力模型的概念及意义

1. 岗位胜任力模型的概念

岗位胜任力模型是能够鉴别绩效优异者和绩效一般者的动机、特质、技能和能力以及特定工作岗位或层级所要求的行为特征组合。岗位胜任力模型主要包括以下 6 个层面：知识、技能、社会角色、自我认知、特征和动机。

2. 岗位胜任力模型的作用

企业的岗位胜任力模型相当于公司的人才标准，为公司选拔人才、创造高绩效，同时这个模型可以在招聘、培训、评估、绩效等多个人力资源管理的模块中发挥较强的作用。

3. 岗位胜任力的冰山模型理论

冰山模型将员工的能力分为看得见的能力和看不见的能力，主要分成 6 种：知识、技能、社会角色、自我概念、性格和动机。知识，是指员工对自己岗位和行业的相关知识的了解以及运用；技能，是指员工对岗位所需技能的掌握和运用；社会角色，是指员工在工作和生活中与他人相处所体现的自身价值观、社会观、人生观；自我概念，是指员工对自己的知识、技能和性格的认识；性格，是指员工在各种信息下表现出来的反应；动机，是指员工在工作中的需求，例如成就感、归属感等。这些动机会激励员工更加努力工作。知识和技能可以通过一些方式来测量，而社会角色、自我概念、性格、动机这四种能力则不能直接被测量出来。

（三）培训及培训体系

1．培训

培训就是“培养＋训练”，通过培养和训练让员工掌握某种技能或者知识。培训是给有经验或者无经验的员工传授完成某种行为必需的思维认知、基本知识和技能的过程。培训主要分为内部培训和外部培训，通常企业的培训是两者相结合。企业通过培训提升员工的能力，让他们更符合公司发展的需求。

2．培训的原则

（1）战略性原则。企业的培训要根据企业的发展计划来进行，要全面、系统。

（2）长期性原则。企业的培训要坚持长期性和持续性，由于市场的变化难以预测，所以，企业要提前做好培训准备工作。

（3）按需施教、学以致用原则。企业的培训要考虑员工所欠缺的能力，根据需要来安排培训，同时也要保证培训的内容在日后的工作中能发挥作用。

（4）考核与奖励结合的原则。为了更好地提高培训的效果，需要设置考核和激励措施，考核有利评价、监督员工参与培训，奖励可提高员工参与培训的积极性。

（5）全员培训和重点培训相结合。企业除了开展适用于所有员工的普适性培训，对一些中高层和一些工作绩效优异的人，也要开展有针对性的培训。

3．培训体系

培训体系的主要构成部分是师资体系、课程体系和保障体系。师资体系是载体，讲师是演绎课程的角色；课程体系是核心内容，包括设计课程、制作课件、编写讲义、审核评估课程；保障体系则包括培训制度和计划、培训评估办法、内训师制度等。

三、××公司汽车销售人员培训现状分析

（一）××公司概况

××公司成立于2010年3月5日，注册地位于北京市海淀区西北旺镇工业用地F2地块2号地。这家公司是国机汽车股份有限公司成员企业，是广汽三菱汽车有限公司在北京的授权特许经销商，是集整车销售、售后服务、零部件供应和信息反馈于一体的现代化4S店。公司主营业务领域涉及：汽车批发及贸易服务业务、汽车零售业务、汽车后市场、一类汽车维修（小型车维修）、保险兼业代理（机动车辆保险）等其他服务业务。××公司具有先进的硬件设施、科学规范的管理机制、严格规范的操作程序、高素质的专业人员，竭诚为广大汽车爱好者及用户提供专业、高效、一流的全方位服务。公司在服务理念上秉承“以人为本”的原则，合理布局专业展厅、维修车间、客户休息区影音设备和网络服务设施，让每一位客户在购车、用车的全过程中得到最优质的服务。××公司的主要部门有售后部门、客服部门、销售部门、市场部门、行政人事部门等。

（二）××公司汽车销售人员概况及培训现状

1.××公司汽车销售人员概况

××公司的销售部门现共有16名员工：1名销售经理；2名销售副经理、5名电话销售员、8名销售顾问。销售经理负责整个销售部门的管理；2名销售副经理，一个负责销售顾问和展厅的管理，另一个负责二级经销商的对接和拓展；电话销售员主要是通过打电话发现新客户和联系老客户，不能接待来店的新客户；销售顾问主要是接待来店的客户，同时也会打电话开展业务。

2. ××公司汽车销售人员的培训现状

调查发现，××公司没有培训制度，也没有配备培训教材，员工对公司的培训情况不是很了解。

对××公司培训需求的调查显示，大部分人表示公司偶尔或者不会进行培训前的需求调查，如图 1 所示。

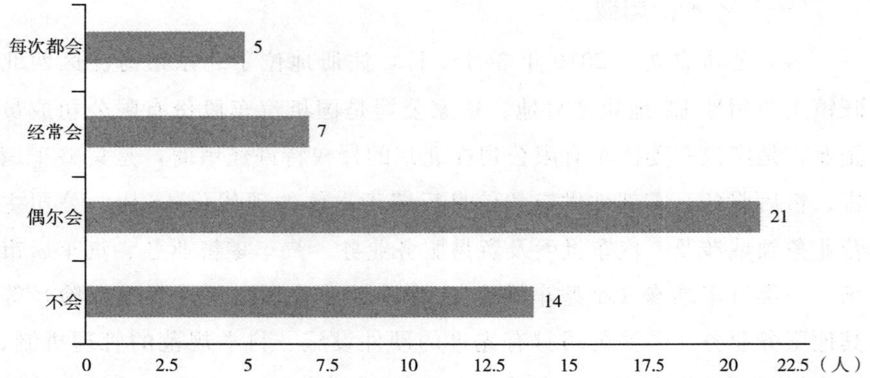

图 1　培训前的需求调查情况

对员工的培训情况调查显示，34 个人曾经参加过业务操作技能的培训，41 个人参加过业务拓展技能的培训，参加企业文化和制度、心理疏导、学历提升培训的分别为 16 人、12 人和 5 人，见表 1 所列。

表 1　公司培训课程情况

培训课程	参加人数（人）
业务操作技能	34
业务拓展技能	41
企业文化和制度	16
心理疏导	12
学历提升	5

员工期望公司开展的培训种类较多，想在多个方面都能获得培训的

机会，如图 2 所示。

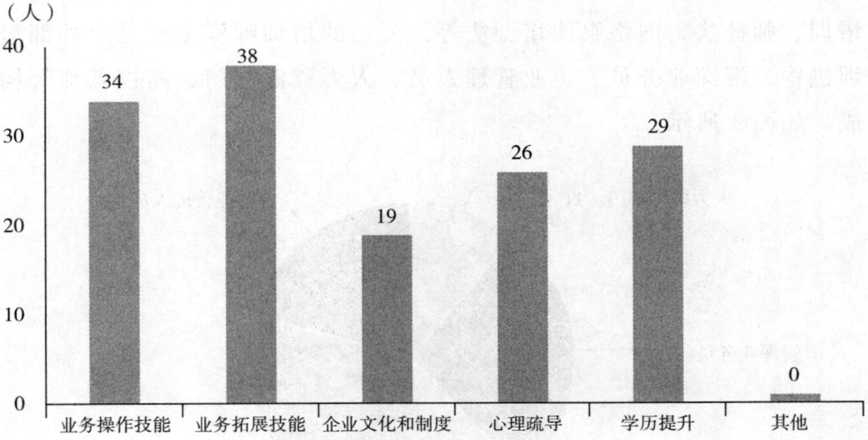

图 2　员工关于培训的期望

关于培训课程哪些方面需要改善，57.45%的员工认为公司培训方式要多样化，76.6%的员工认为讲师水平需要提高，82.98%的员工认为公司培训内容要注重实用性，如图 3 所示。

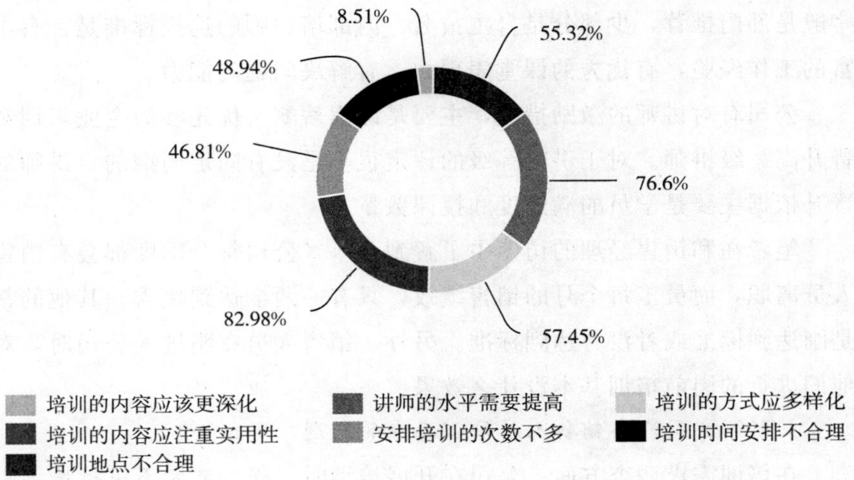

图 3　员工对培训课程需要改善的方面的反馈

对培训方式和培训师资进行调查，结果显示，××公司的培训方式主要是经验分享法、案例指导法、现场指导法、情景模拟法、线上培训、师徒法、网络媒体培训法等。公司的培训师资主要是由外部培训机构、资深业务员、企业管理人员、人力资源部门、高校老师等构成，如图 4 所示。

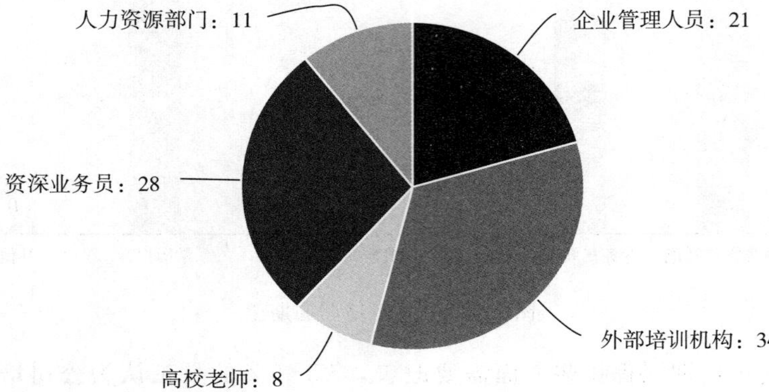

图 4　××公司的师资力量构成

调查结果显示，××公司存在内部培训师，内部培训师的选拔方式一般是部门推荐，少部分是自主报名。内部培训师的选拔标准是：有丰富的工作经验，有优秀的课堂表现力，有解决问题的能力。

公司有对讲师的激励措施，主要是课程薪酬、优先参加企业培训和晋升高一级讲师。对于讲师等级的评定很多是没有固定周期的，讲师的晋升依据主要是学员的满意度和授课数量。

笔者在和销售经理的访谈中了解到，××公司每个季度都会有销售人员离职，而员工每个月的销售绩效，只有一两个达到优秀，其他的都是刚达到标准或者没有达到标准。另外，销售人员在刚进入公司时，对他们进行的岗前培训基本没什么效果。

3. ××公司汽车销售人员培训存在的问题

在培训需求调查方面：公司在开展培训时，很少或者不进行培训需求的分析。

在培训计划与实施方面：公司没有相应的培训计划和培训教材，开展培训的时间不确定。目前公司的培训是针对业务操作技能、业务拓展技能开展的。公司培训的师资力量主要由企业管理人员、外部培训机构、资深业务员构成，培训老师选择的依据是工作经验是否丰富、课堂表现力是否好，通常采用的培训方式是经验分享法、现场指导法、情景模拟法。公司内部有培训老师，其选拔方式是各部门推荐，其也有培训，但主要是关于基本演讲、课程实施的。

在培训效果评估和保障方面：公司在培训结束后，很少或者不进行培训效果的评估。讲师的等级评定没有固定时间，并且讲师等级的评定依据是学员的满意度、授课的课时数量。培训老师有一些激励措施，包括课程的薪酬、可以晋升更高级别讲师、优先参与企业培训。

（三）××公司汽车销售人员培训问题分析

1. 销售人员的流失率高，培养难度大

××公司每月都有汽车销售人员离职，一部分是销售业绩太差，不能够为公司带来利润，被辞退；另一部分是销售人员主动离职，这导致公司的人才流失严重，特别是一些销售业绩优秀的员工离职。刚入职的员工培训效果差，之后参加的培训也没有什么效果，主要是因为这些岗前培训和后期的培训没有针对性，更多的是普适性的培训。另外，汽车销售人员的配置周期是比较长的，需要长期持续的培训，难度非常大，所以建立一个培训体系是有必要的。

2. 缺少岗位胜任力模型，培训需求针对性不强、准确性差

公司没有构建关于汽车销售人员的岗位胜任力模型。公司的培训没有或者很少向员工进行培训需求的分析调查，这导致公司开展的培训主要是由管理层主导的。员工大都认为公司对汽车销售人员的培训并不重视，并且其开展的培训与汽车销售人员真正需要的培训可能会有差别，或者培训课程单一或缺失。例如，汽车销售人员对学历提升、心理疏导方面的培训有很大的需求，但公司针对这方面的培训基本没有。

3. 培训计划缺失，培训实施严谨性差

公司没有培训制度和教材，培训的开展也较随意，没有相应的计划。员工认为培训效果较差，大家认为培训存在以下问题。

（1）培训课程的内容过于浅显，主要是关于业务操作和拓展。培训的内容理论性较强，实用性较弱，但销售人员的工作实操性强，培训要更加实用才有真正的效果。讲师的水平较低且单一，一般是由资深业务员、外部培训机构来进行培训。

（2）培训方式单一。经验分享法、情景模拟法和现场指导法都是传统的销售人员培训方式，且这些方式很可能在培训过程中导致员工厌倦，进而影响培训效果。

（3）培训的安排不合理。一方面是培训次数较少，不能满足员工的需要；另一方面是培训的时间安排不合理，由于销售工作具有特殊性，他们没有统一的休息日，统一的培训一般安排在上班前、下班后或客户量少的时候，这样相当于延长了员工的工作时间，可能会使员工厌烦培训进而影响培训效果。

（4）师资力量薄弱。公司的培训老师主要是企业管理人员、外部培训机构和资深业务员，这些是企业培训的传统老师，缺乏前沿型、创新型师资和新的培训形式。高校老师和网络课程往往会接触到一些创新性的理论和培训方式，而资深业务员实践经验丰富，但可能会与现今的培训脱节，管理人员则缺少实践经验，外部的培训机构则很难真实了解培训老师的能力。在内训师的选择上具有局限性，还是以工作经验丰富为主，辅以较强的课堂表现力，但是作为内训师，课程的开发以及发现问题、解决问题也是非常重要的工作，××公司并没有重视这一点，总体而言，内训师的水平也不是很高。

4. 培训后效果评估缺失和保障不足

××公司虽然开展了培训，但很少会在培训后评估培训效果。没有效果评估，员工和培训老师可能会不重视培训，在培训过程中敷衍对待，直接导致培训效果减弱。从培训保障方面来说，××公司做得也一般。首先，××公司没有制定培训制度，在整体上缺乏保障。其次，公司有一些相对应的激励措施，但主要是课酬和一些物质奖励，缺少精神文化层面上的激励，例如评定优秀讲师，给予优秀员工奖状、口头表扬等。再次，培训讲师的培训课程比较简单，但是一个优质的培训讲师除了课堂上应表现优秀外，课下的准备也是非常重要的；开发一个高质量的课程是十分重要的，同时作为一位培训讲师，清楚地了解公司的培训制度也是有必要的。最后，讲师评定等级的周期不固定，在一个固定的等级晋升期限里，讲师的工作积极性会更高，主观能动性会更强；而不固定的期限，会打击讲师的积极性从而影响培训课程开展的效果。

五、××公司汽车销售人员实施培训的建议与优化

（一）××公司汽车销售人员岗位胜任力模型的构建

本次问卷的题目是“汽车销售人员岗位胜任力调查问卷”，问卷的设计过程如下。

（1）在经过实际观察和文献的研究，将汽车销售人员的岗位胜任力模型设计为专业能力、个人素质、知识储备、工作态度这4个维度，运用李克特量表（Likert scale）。

① 将4个维度里的汽车销售人员的胜任力进行描述；

② 采用“5点”法将每个胜任力指标进行重要性的选择：非常重要、很重要、一般、不重要、非常不重要；

③ 非常重要到非常不重要的指标分别为5、4、3、2、1分。

（2）将问卷交给指导老师，根据老师的建议逐步修改问卷，进行问题的细化。

（3）在问卷星网站上制作网页版调查问卷并生成链接，将问卷发给5名同学进行试答，根据反馈，修改一些制作技术上的问题，并删除一些无用、烦琐以及信度效度和相关性较低的问题，充分考虑严谨性与逻辑性，形成问卷定稿。正式问卷由两部分组成：第一部分是调查对象的结构，包括年龄和性别；第二部分是岗位胜任力模型的因素重要程度。

题目类型全部为选择题，一共29道。

此次调查问卷填写的媒介主要是网页链接、问卷星平台以及手机微信客户端等。本次调查发放问卷50份，发放的对象是××公司的各个部门的部分员工，有效回收问卷42份，回收率为84%。

（二）汽车销售人员岗位胜任力模型构建实施过程

1. 岗位胜任力模型指标

通过文献法和观察法，建立了4个维度和27个胜任力素质，见表2所列。

表2　岗位胜任力模型维度和素质

维度	专业能力	个人素质	知识储备	工作态度
胜任力素质	沟通能力	亲和力	企业文化知识	创新性
	团队意识	耐心	产品知识	勤奋努力
	计划能力	责任心	客户知识	仪容仪表
	学习能力	诚信	工作经验	事业心
	驾驶技能	抗压性	学历	服务意识
	应变能力	积极乐观	业务流程知识	—
	语言表达能力	自信心	—	—
	营销技能	—	—	—
	人际交往能力	—	—	—

2. 数据分析

（1）调查对象分析。根据表3可看出调查对象的基本结构特征，其中平均值代表了集中趋势，标准差代表了波动情况。性别调查结果显示：男生比例为60%，女生比例为40%，该结果表明，此次调查结果重点偏向的是男性的意愿。年龄调查结果显示：20～25岁的比例为43%，25～30岁的比例为29%，31～35岁的比例为19%，36～40岁的比例为7%，40岁以上的比例为2%，由此可知，该问卷的调查对象大部分是年轻人。

表 3　调查对象的结构分析

变量	选项	频率	占比（%）	平均值	标准差
性别	男	25	60	1.40	0.50
	女	17	40		
年龄	20～25 岁	18	43	1.98	1.07
	26～30 岁	12	29		
	31～35 岁	8	19		
	36～40 岁	3	7		
	40 岁以上	1	2		

（2）信度分析，可从专业能力、个人素质、知识储备、工作态度等方面分析信度。

① 岗位胜任力模型维度 1：专业能力。由表 4 可知，在专业能力维度上，总体的标准化信度系数为 0.87。信度系数的取值范围为 0～1，越接近 1，数据的可靠性越高，所以，此次结果信度比较高，故专业能力维度的题目不需要进行调整。

表 4　专业能力指标信度分析

选项	删除项后的标度平均值	删除项后的标度方差	修正后的项与总计相关性	平方多重相关性	删除项后的克隆巴赫 Alpha	标准化后的 α 值
沟通能力	31.69	32.463	0.637	0.600	0.846	0.87
团队意识	32.10	33.552	0.573	0.581	0.852	
计划能力	31.57	33.714	0.595	0.552	0.850	
学习能力	31.21	33.977	0.697	0.584	0.842	
驾驶技能	31.38	35.705	0.372	0.296	0.873	
应变能力	31.83	33.167	0.610	0.633	0.848	
语言表达能力	31.36	34.186	0.682	0.674	0.843	
营销技能	31.69	34.365	0.625	0.537	0.848	
人际交往能力	31.74	33.710	0.633	0.577	0.846	

② 岗位胜任力模型维度 2：个人素质。由表 5 可知，在个人素质维度上，总体的标准化信度系数为 0.884。信度系数的取值范围为 0～1，越接近 1，数据的可靠性越高，所以，此次结果信度比较高，故个人素质维度的题目不需要进行调整。

表 5　个人素质指标信度分析

选项	删除项后的标度平均值	删除项后的标度方差	修正后的项与总计相关性	平方多重相关性	删除项后的克隆巴赫 Alpha	标准化后的 α 值
亲和力	24.07	20.605	0.788	0.669	0.852	0.884
耐心	23.55	21.132	0.689	0.621	0.863	
责任心	24.00	21.463	0.619	0.461	0.871	
诚信	24.14	20.418	0.652	0.667	0.868	
抗压性	23.5	20.793	0.677	0.679	0.864	
积极乐观	24.24	20.039	0.685	0.675	0.863	
自信心	23.64	21.503	0.594	0.474	0.874	

③ 岗位胜任力模型维度 3：知识储备。由表 6 可知，在知识储备维度上，总体的标准化信度系数为 0.731。信度系数的取值范围为 0～1，越接近 1，数据的可靠性越高，所以，此次结果信度比较高，故知识储备维度的题目不需要进行调整。

表 6　知识储备指标信度分析

选项	删除项后的标度平均值	删除项后的标度方差	修正后的项与总计相关性	平方多重相关性	删除项后的克隆巴赫 Alpha	标准化后的 α 值
企业文化知识	19.10	9.747	0.526	0.483	0.630	0.731
产品知识	18.24	10.918	0.491	0.678	0.646	
客户知识	18.31	11.634	0.398	0.614	0.674	
工作经验	18.86	10.418	0.545	0.339	0.628	
学历	19.52	11.621	0.191	0.565	0.720	
业务流程知识	18.48	11.182	0.584	0.568	0.630	

④ 岗位胜任力模型维度 4：工作态度。由表 7 可知，在工作态度维度上，总体的标准化信度系数为 0.753，信度系数的取值范围为 0～1，越接近 1，数据的可靠性越高，所以，此次结果信度比较高，故工作态度维度的题目不需要进行调整。

表 7 工作态度指标信度分析

选项	删除项后的标度平均值	删除项后的标度方差	修正后的项与总计相关性	平方多重相关性	删除项后的克隆巴赫 Alpha	标准化后的 α 值
创新性	16.14	7.247	0.384	0.353	0.743	
勤奋努力	15.38	7.071	0.428	0.393	0.724	
仪容仪表	15.9	7.015	0.649	0.481	0.64	0.753
事业心	15.79	7.343	0.607	0.416	0.659	
服务意识	15.26	7.418	0.5	0.388	0.691	

⑤ 总信度系数。由表 8 可知，标准化后的克隆巴赫系数为 0.947，说明问卷总体的可信度比较高。

表 8 总信度系数

克隆巴赫 Alpha	基于标准化项的克隆巴赫 Alpha	项数
0.943	0.947	27

（3）效度分析。效度分析是通过探索性因子分析来检验的。由探索性因子分析可知，KMO 检验的系数结果为 0.731，KMO 检验的系数取值范围为 0～1，越接近 1，说明效度越高，所以，问卷具有良好的效度，见表 9 所列。

表 9 KMO 和巴特利特检验

KMO 取样适切性量数		0.731
巴特利特球形度检验	近似卡方	977.189
	自由度	351
	显著性	0.000

(4) 差异性分析，可从以下几方面展开。

① 各维度在性别上的差异分析。根据表10独立样本 t 检验的结果可知各个维度在性别上的差异情况。专业能力、个人素质、知识储备、工作态度这4个维度在性别上的差异显著性检验分别为0.093、0.145、0.276、0.195，明显大于0.05，说明不同性别认为的岗位胜任力要素的差异性较小。

表10 各维度在性别上的差异分析

变量	性别	个案数	平均值	标准差	t	显著性（双尾）
专业能力	男	25	36.96	4.218	1.721	0.093
	女	17	33.53	8.596		
个人素质	男	25	28.84	3.636	1.486	0.145
	女	17	26.41	6.911		
知识储备	男	25	23.04	3.195	1.105	0.276
	女	17	21.71	4.647		
工作态度	男	25	20.16	2.561	1.319	0.195
	女	17	18.82	4.019		

② 各维度在年龄上的差异分析。根据表11所列单因素方差分析结果可知各个维度在年龄上的差异情况。专业能力、个人素质、知识储备、工作态度这4个维度在性别上的差异显著性检验分别为0.957、0.982、0.745、0.991，明显大于0.05，说明不同年龄认为的岗位胜任力要素的差异性较小。

表11 各个维度在年龄上的差异分析结果

变量	选项	个案数	平均值	标准差	显著性	多重比较
专业能力	20～25岁	18	36.33	9.487	0.957	由于至少有一个组的个案数不足两个，因此不会执行事后检验
	26～30岁	12	34.33	2.103		
	31～35岁	8	35.5	4.106		
	36～40岁	3	36	1		
	40岁以上	1	36	—		

（续表）

变量	选项	个案数	平均值	标准差	显著性	多重比较
个人素质	20～25岁	18	27.72	7.395	0.982	由于至少有一个组的个案数不足两个，因此不会执行事后检验
	26～30岁	12	27.5	3.451		
	31～35岁	8	28.63	2.387		
	36～40岁	3	27.33	3.786		
	40岁以上	1	30	—		
知识储备	20～25岁	18	22.78	5.397	0.745	
	26～30岁	12	22.42	1.881		
	31～35岁	8	22	2.449		
	36～40岁	3	21	1		
	40岁以上	1	27	—		
工作态度	20～25岁	18	19.61	4.604	0.991	
	26～30岁	12	19.42	2.021		
	31～35岁	8	20.13	1.727		
	36～40岁	3	19.33	1.528		
	40岁以上	1	19	—		

（三）汽车销售人员岗位胜任力模型的构建

1. 汽车销售人员岗位胜任力模型的初步构建

通过上述的数据分析可知，数据的效果和可信度还是很好的，通过各指标的得分，对指标进行初步筛选，见表12所列。

表12 指标得分

胜任力要素	得分（M±SD）	胜任力要素	得分（M±SD）	胜任力要素	得分（M±SD）
学习能力	4.36±0.906	客户知识	4.19±0.89	应变能力	3.74±1.106
抗压性	4.36±0.983	业务流程知识	4.02±1.059	诚信	3.71±1.066

（续表）

胜任力要素	得分（M±SD）	胜任力要素	得分（M±SD）	胜任力要素	得分（M±SD）
服务意识	4.36±0.879	计划能力	4±1.059	仪容仪表	3.71±0.835
耐心	4.31±0.924	沟通能力	3.88±1.152	工作经验	3.64±0.983
产品知识	4.26±0.939	营销技能	3.88±0.942	积极乐观	3.62±1.081
勤奋努力	4.24±1.055	责任心	3.86±0.952	团队意识	3.48±1.11
语言表达能力	4.21±0.898	人际交往能力	3.83±1.01	创新性	3.48±1.065
自信心	4.21±0.976	事业心	3.83±0.794	企业文化知识	3.4±1.149
驾驶技能	4.19±1.153	亲和力	3.79±0.898	学历	2.98±1.259

将得分超过3.8的指标保留下来形成初步的模型，见表13所列。

表13　岗位胜任力模型

维度	要素
专业能力	沟通能力、计划能力、学习能力、驾驶技能、语言表达能力、营销技能、人际交往能力
个人素质	耐心、责任心、抗压性、自信心
知识储备	产品知识、客户知识、业务流程知识
工作态度	勤奋努力、事业心、服务意识

2. 汽车销售人员岗位胜任力模型的最终构建

与××公司销售部门经理进行交流，通过删减，形成最终指标，见表14所列。

表14　岗位胜任力模型最终指标

维度	要素	平均得分
专业能力	沟通能力、计划能力、学习能力、驾驶技能、营销技能	4.066
个人素质	耐心、责任心、抗压性、自信心	4.185

（续表）

维度	要素	平均得分
知识储备	产品知识、客户知识、业务流程知识	4.157
工作态度	勤奋努力、事业心、服务意识	4.143

通过岗位胜任力的最终模型和指标的平均得分，建立表15。

表15　岗位胜任力模型的分级和权重

维度	等级	等级描述	权重（%）
专业能力	1级	拥有基本的能力，一般可以独自完成工作，困难时需要别人帮助	20
	2级	拥有一定的能力，可以独自完成工作	
	3级	拥有较高的素质，在完成自己的工作时，可以帮助其他同事	
个人素质	1级	该项素质表现一般	30
	2级	该项素质表现良好	
	3级	该项素质表现优秀，可以带动其他同事	
知识储备	1级	了解该项知识，掌握不牢固	25
	2级	了解该项知识，基本可以运用	
	3级	了解该项知识，可以熟练掌握和运用	
工作态度	1级	该项态度表现一般	25
	2级	该项态度表现良好	
	3级	该项态度表现优秀	

（四）明确培训需求

在培训需求上，首先要了解汽车销售人员所需要的胜任力，其次要了解员工现在所拥有和欠缺的胜任力，再次就是了解员工自己认为自己现阶段最需要的能力，如图5所示。

根据已经建立的汽车销售人员的岗位胜任力模型，设计素质评价表，通过自评、他评、互评来分析培训需求，明确培训课程的内容。与

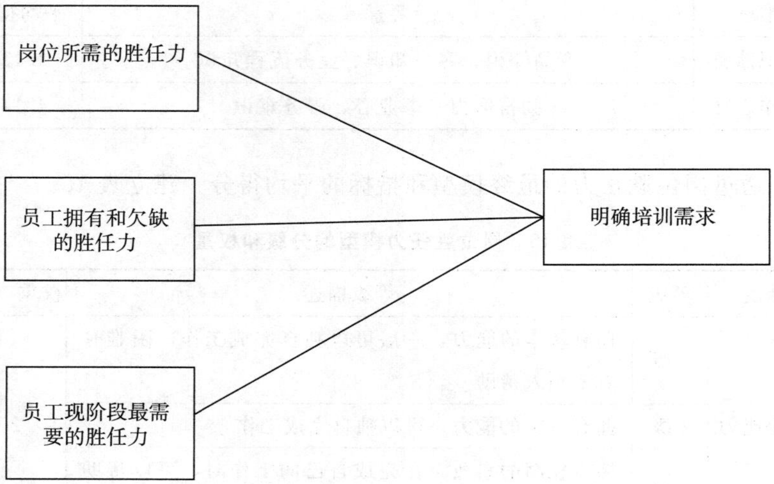

图 5　确立培训需求

汽车销售人员绩效优异者、绩效一般者、绩效不合格者进行访谈，了解他们对于自己的胜任力的鉴定和评价，收集数据，并进行比较。通过比较，我们发现绩效不同的人在胜任力上存在不同，同时与胜任力需要达到的标准存在差距，如图 6、图 7、图 8、图 9 所示。

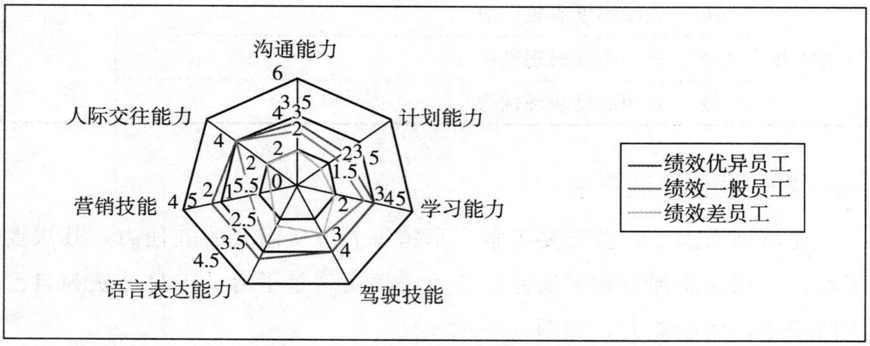

图 6　不同绩效员工在专业能力上与标准的差异

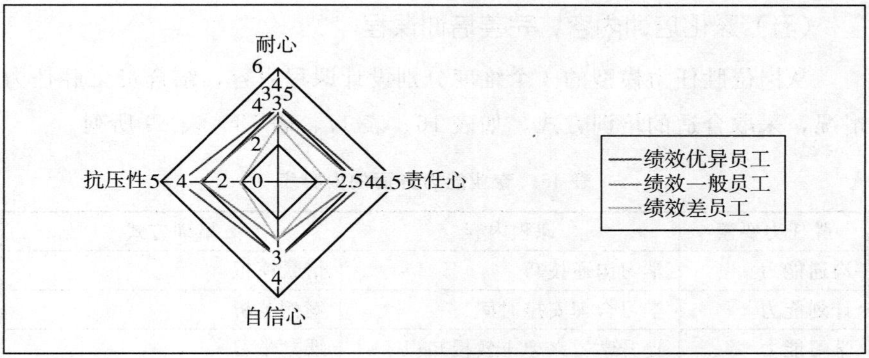

图 7　不同绩效员工在个人素质上与标准的差异

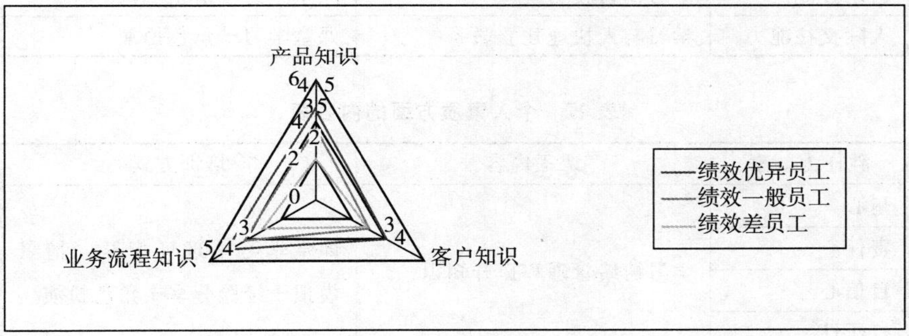

图 8　不同绩效员工在专业储备上与标准的差异

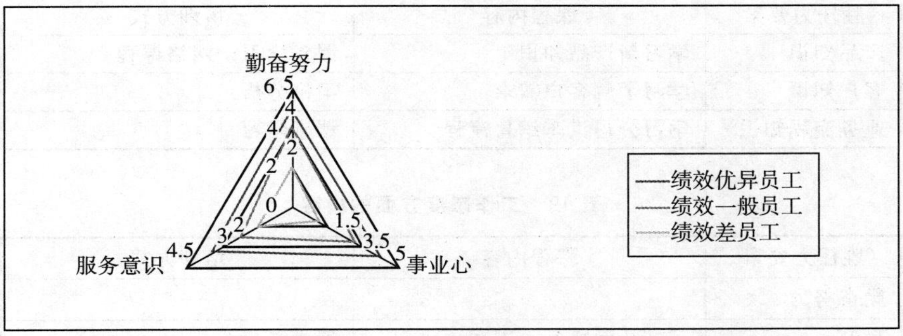

图 9　不同绩效员工在工作态度上与标准的差异

（五）深化培训内容，完善培训课程

从岗位胜任力模型的 4 个维度分别设计课程内容，结合员工胜任力情况，采取合适的培训方式，如表 16、表 17、表 18、表 19 所列。

表 16　专业能力方面的内容表

胜任力要素	课程内容	培训方式
沟通能力	学习沟通技巧	情景模拟
计划能力	学习合理安排时间	案例分析
学习能力	提升学习兴趣＋教授知识	课堂学习
驾驶技能	—	—
语言表达能力	提高与人交流能力	情景模拟
营销技能	学习销售技巧	课堂学习＋情景模拟
人际交往能力	学习与人快速建立联系	课堂学习＋角色扮演

表 17　个人素质方面的内容表

胜任力要素	课程内容	培训方式
耐心	学习情绪管理和提升知识	课堂学习＋现场指导＋情景模拟＋经验分享＋角色扮演
责任心		
自信心		
抗压性		

表 18　知识储备方面的内容表

胜任力要素	课程内容	培训方式
产品知识	学习新产品知识	课堂学习＋网络课程
客户知识	学习了解客户需求	案例分析
业务流程知识	学习公司汽车销售流程	课堂学习

表 19　工作态度方面的内容

胜任力要素	课程内容	培训方式
勤奋努力	—	—
事业心	了解公司晋升渠道和方式	课堂学习
服务意识	提升服务态度	经验分享＋典型案例

（六）强化师资力量

1. 增加师资来源

××公司的师资除了花钱从外部培训机构聘请培训老师、让资深业务员担任培训任务，还可以从高校请老师开设培训课程，同时企业的管理人员和人力资源管理部门的领导也可以参与培训。在进行营销技能培训时，可以邀请外部培训机构的培训老师，他们培训经验丰富，可以更有效地教授培训技巧；资深业务员既可以在很多方面提供培训的可能性，也可以进行日常性培训；关于专业能力和个人素质方面的培训，可以从高校聘请营销专业和心理学专业的老师来进行，高校老师有着较高的专业知识水平和较丰富的教学经验；关于企业文化知识、客户知识、仪容仪表和业务流程知识等培训课程，企业管理层和人力资源部门领导对这些内容更加熟悉，可以参与培训工作。

2. 完善内部培训师队伍

内部培训师队伍的构建首先要确定选拔讲师的标准，内训师除了要有丰富的工作经验和良好的课堂表现力外，还要有较强的逻辑分析能力、信息数据的获取能力和课程开发能力，能够结合公司实际的培训需求来开设课程。确定好内训师选拔的标准后，须明确选拔的流程，图 10 所示的流程有助于选出合适的内训师，组建优质的内训师队伍。

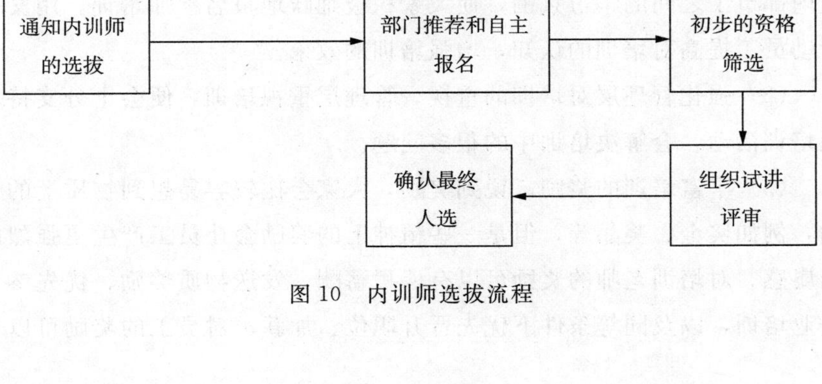

图 10　内训师选拔流程

在选出内训师后，后续针对内训师的培训也十分重要，可通过开展关于基本演讲技巧和理论的培训，加强课程开发、课程实施和公司培训制度的课程建设，切实做好培训工作，以提升内训师的整体素质，提高培训讲师的使命感和责任感，帮助他们更好地了解公司和员工所需要的培训，提升自己培训的硬实力与软实力。

（七）增加培训的保障措施

1. 制定企业的培训制度

培训制度是培训开展的基本保障，为了保证培训工作开展得有效、有序和规范，企业需要建立健全的培训制度作为支撑，尽可能做到培训的每一步都有规章可循。第一，制订年度的培训计划。根据××企业自身的实际情况和未来的发展方向，以汽车销售人员的培训需求为主要依据，拟订全年的培训计划，制定方案。第二，准备好教材。一些基础性和更新率较低的课程，要编制统一的教材；另外，一些更新较快的培训课程，培训老师也要准备好上课的纸质讲义。第三，完善培训的相关制度和流程。建立员工的培训档案，做好每个员工的培训记录，同时建立健全相关的奖惩制度，将培训效果与绩效挂钩，增强员工参加培训的积极性。

2. 完善培训的保障措施

（1）加强企业文化宣传和建设。培训的有效实施需要讲师和员工共同努力。在员工方面，通过建设鼓励大家参与培训的企业文化，营造企业内部员工之间的学习氛围，使大家积极踊跃地报名参加培训。用文化带动员工提高对培训的认知，增强培训的效果。

（2）强化管理层对培训的重视。管理层重视培训，便会十分支持开展培训活动，会解决培训中的很多问题。

（3）丰富培训的奖励。说到奖励，大家会比较容易想到物质上的奖励，例如奖金、奖品等，但是一些精神上的奖励会让员工产生更强烈的归属感。对培训老师的奖励可以有课程薪酬、发送物质奖励、优先参与企业培训，以及同等条件下优先晋升职位、加薪；对员工的奖励可以体现在将培训结果纳入绩效考核中。但是这些奖励要有一定的差别，从而激励员工的积极性，提高培训的效率。

（八）实行培训后的评估

培训是为了提高汽车的销量，所以培训内容不能只是理论上的知识，而是要教销售人员如何将学到的知识运用在实际的工作中。因此，对培训效果的评估是十分有必要的，这不仅可以了解员工接受了多少知识及其实际运用的成果，检验培训师的培训能力，还可以为下一次的培训提供参考，提升下一次培训的质量，促进企业培训的良性循环。可以采用问卷的形式评估培训效果，再加上一对一的访谈，以增强评估的真实性和完整性，收集实施后的评估数据，做分析对比，验证培训体系的有效性和存在的缺陷。通过解决评估呈现出的问题，进一步完善培训体系，同时也可促进公司的发展。可以采用柯氏评估模型从多方面对培训进行效果评估。

六、结束语

（一）研究总结

随着经济的不断发展和祖国的不断强盛，汽车销售市场的竞争会越来越激烈，如何保持稳步前进是个亟待解决的问题，其需要多方资源的支持，如资金、科学技术、人才、信息等，但是大家逐渐觉得人才资源的管理越来越艰难。本文以××公司为研究案例，建立汽车销售人员的岗位胜任力模型，分析××公司的培训现状，发掘其中的问题；再在汽车销售人员的岗位胜任力模型的基础上，提出解决问题的对策和建议。其中运用了问卷调查法、观察法、案例分析法、文献研究法等多个研究方法。本研究不仅对××公司的培训工作改善有一些帮助，对同类型汽车销售公司改善其企业培训也有一定的借鉴意义。

（二）研究存在的不足

(1) 数据样本较少。岗位胜任力模型问卷收集到的样本只有 42 份，××公司培训现状问卷也只回收了 47 份，且问卷对象也仅仅是××公司的员工，样本不具有普遍性。

（2）参考文献较少。虽然本研究参考了大量的关于岗位胜任力模型和培训体系的文献，但关于销售人员，特别是汽车销售人员的文献十分稀少。

（3）本文中提出的一些对策和建议，还需要在实际工作中去检验。

（4）笔者学识水平有限，在研究过程中对一些问题的研究不够深入全面，也不够透彻，没有考虑到的因素还有很多，希望专家学者提出宝贵意见，以便对汽车销售人员的培训体系和岗位胜任力模型做出更深层次的研究。

参考文献

［1］王俊，盛晓栋，林婕宇．基于写学习型组织的电力企业培训体系构建研究［J］．电力设备管理，2020（11）：97－98.

［2］冯梅，龚姝，吕娟，等．基于岗位胜任力的护士规范化培训体系构建与实验［J］．护士进修杂志，2020（22）：2089－2092，2097

［3］赵海林，王怡博．构建基于岗位胜任力模型的员工培训发展体系［J］．企业管理，2020（12）：16－17.

［4］李娟，曹浩文，戚薇．构建岗位胜任力模型［J］．企业管理，2020（2）：96－98.

［5］毛凌．基于岗位胜任力的科研企业新员工培训分析［J］．人才资源开发，2019（9）：68－69.

［6］史婷．基于能力素质模型的汽车销售顾问软实力培训体系建设［J］．武汉工程职业技术学院学报，2019（1）：60－63.

［7］夏叶．TC公司销售人员培训问题研究［D］．厦门：厦门大学，2018.

［8］陈樱．基于岗位胜任力模型的企业培训课程体系建设［J］．知识经济，2016（13）：64.

［9］张燕．基于岗位胜任力模型的员工培训体系构建［J］．企业改革与管理，2016（6）：95.

[10] 路法林．××公司销售人员培训体系构建研究［D］．郑州：郑州大学，2014.

[11] 史晓华．销售人员游戏化培训及培训反馈体系设计［J］．企业改革与管理，2014（18）：85－86.

[12] 刘蔚．浅谈我国企业市场销售人员的培训问题研究［J］．商业文化（下半月），2012（11）：202－203.

[13] 周东斌．浅谈一线销售人员培训体系建设［J］．知识经济，2014（18）：95，116.

[14] 糜青．岗位胜任力模型构建与应用［J］．现代盛业，2011（29）：92－93.

[15] 郭小燕．基于胜任力的企业销售培训体系设计［J］．中国市场，2011（31）：34，44.

[16] 陈斯．浅谈销售人员的培训［J］．中小企业管理与科技（上旬刊），2011（2）：1.

[17] 李红．长安公司营销专业人员通用胜任力模型的构建及应用研究［D］．重庆：重庆大学，2007.

[18] 王亮．基于岗位胜任力模型的晨星资讯（中国区）公司中层管理人员培训体系优化研究［D］．厦门：厦门大学，2019.

[19] 孙斌．天津T连锁超市基层销售人员胜任力模型及培训课程开发［D］．天津：天津师范大学，2019.

[20] JasonP. Koenigsfeld，SeungKyun Kim，JaeMin cha，Joe Perdue，Ronald F. Cichy. Developing a competency model for private club managers [J]. *International Journal of Hospitality Management*，2012：633－641.

[21] Xu Hong-hua，Wang Yan-hua. Training system design for middle-level manager in coal enterprises based on post competency model [J]. *Procedia Earth and Planetary Science*，2009（1）：1764－1771.

附录1：调查问卷：汽车销售人员培训现状调查

1. 您所在的岗位［单选题］

○ 销售顾问

○ 销售经理

○ 其他部门人员

2. 公司是否有培训制度？［单选题］

○ 有

○ 没有

3. 公司是否有培训教材？［单选题］

○ 是

○ 否

4. 公司对汽车销售人员的培训是否重视？［单选题］

○ 很重视

○ 重视

○ 一般

○ 不重视

5. 培训前公司是否进行销售员工的培训需求调查？［单选题］

○ 每次都会

○ 经常会

○ 偶尔会

○ 不会

6. 在公司接受过哪些方面的课程培训？［多选题］

○ 业务操作技能

○ 业务拓展技能

○ 企业文化和制度

○ 心理疏导

○ 学历提升

○ 其他________________

7. 您期望在哪些方面开展培训？[多选题]

○ 业务操作技能

○ 业务拓展技能

○ 企业文化和制度

○ 心理疏导

○ 学历提升

○ 其他________________

8. 您认为过去培训的课程有哪些方面需要改善？[多选题]

○ 培训的内容应加深

○ 讲师的水平需要提高

○ 培训的方式应多样

○ 培训的内容应注重实用性

○ 安排培训的次数不多

○ 培训时间安排不合理

○ 培训地点安排不合理

9. 过去公司以哪种方式进行培训？[多选题]

○ 师徒法

○ 经验分享法

○ 案例分析法

○ 现场指导法

○ 情景模拟法

○ 网络媒体培训法

○ 线上培训

○ 其他（请注明）________________

10. 您参加的培训课程中，师资力量主要是哪些？[多选题]

○ 企业管理人员

○ 外部培训机构

○ 高校老师

○ 资深业务员

○ 人力资源部门

○ 其他________________

11. 公司有内部培训师吗？[单选题]

○ 有（请跳至第 12 题）

○ 没有（请跳至第 14 题）

12. 内训师的选拔方式是什么？[多选题]

○自主报名

○ 各部门推荐

○ 其他________________

13. 公司内训师的水平如何？[单选题]

○ 很好

○ 好

○ 一般

○ 差

14. 培训师的选拔条件有哪些？[多选题]

○ 工作经验丰富

○ 信息获取能力强（知识涉猎广、专业知识丰富）

○ 逻辑能力强

○ 课堂表现力强（能引导学员参与、现场感染力强）

○ 其他________________

15. 讲师的培训课程有哪些？[多选题]

○ 基本演讲

○ 课程开发

○ 课程实施

○ 公司培训制度

○ 其他________________

16. 讲师是否有激励措施？[单选题]

○ 有（请跳至第 17 题）

○ 没有（请跳至第 20 题）

17. 讲师的激励措施主要有哪些？[多选题]

○ 晋升更高级别讲师

○ 课程薪酬

○ 评选优秀讲师，并发送物质奖励

○ 优先参与企业培训

○ 同等条件下，优先晋升职位、加薪

○ 其他________________

18. 讲师的等级评定周期怎么样？[单选题]

○ 半年一次

○ 一年一次

○ 没有固定周期

19. 讲师的晋升依据有哪些？[多选题]

○ 学员满意度

○ 授课课时

○ 课程开发数量

○ 其他________________

20. 你认为公司培训的师资力量如何？[单选题]

○ 很好

○ 好

○ 一般

○ 差

21. 培训结束后，是否进行相关考核？[单选题]

○ 有

○ 偶尔有

○ 没有

附录 2：调查问卷：汽车销售人员岗位胜任力调查问卷

第 1 题　您的性别是？

第 2 题　您的年龄是？

第 3 题　您认为下列因素对汽车销售人员重要吗？（5 分：非常重要；4 分：重要；3 分：一般；2 分：不重要；1 分：非常不重要）

题目	评分
1. 沟通能力：掌握沟通技巧，提高沟通效率。	（　）
2. 团队意识：在其他同事遇到困难时，主动提出帮助。	（　）
3. 计划能力：在休假期间，合理安排工作及客户。	（　）
4. 学习能力：了解和学习新产品的知识、新市场趋势及新销售方式。	（　）
5. 驾驶技能：熟练驾驶各类型汽车。	（　）
6. 应变能力：面对突发情况，迅速反应，提出解决方法。	（　）
7. 语言表达能力：用简洁明了的话语让客户明白所说的意思。	（　）
8. 营销技能：了解及运用营销手段和技巧。	（　）
9. 人际交往能力：处理好与客户、同事、上级、下级的关系。	（　）
10. 亲和力：让客户感受到亲近。	（　）
11. 耐心：遇到难缠的客户、面对难题时，不烦躁不恼怒。	（　）
12. 责任心：把自己当作公司的一部分，对待工作要有责任感，自觉做好工作。	（　）
13. 诚信：做人真诚、讲信用。	（　）
14. 抗压性：可以承受工作压力，并且能够调节自己的负面情绪。	（　）
15. 积极乐观：性格开朗、积极乐观。	（　）
16. 自信心：相信自己可以卖出汽车，认为自己是适合销售的人。	（　）
17. 企业文化知识：了解公司的组织和文化构建，努力实现公司战略。	（　）
18. 产品知识：掌握汽车的功能、特点、外观、质量、不同型号汽车之间的差别以及国家优惠政策等。	（　）

（续表）

题目	评分
19. 客户知识：了解不同类型客户的偏好和预算，推荐合适汽车。	（　）
20. 工作经验：拥有汽车销售或销售的经验，或者汽车修理的经验。	（　）
21. 学历：接受教育的程度。	（　）
22. 业务流程知识：对汽车销售流程的了解。	（　）
23. 创新性：能够打破固有的思维，从新方式、新角度思考问题，解决问题。	（　）
24. 勤奋努力：认认真真，不怕吃苦，不断地联系客户，寻找新客户。	（　）
25. 仪容仪表：穿着得当，干净利落。	（　）
26. 事业心：积极进取上进，争取达到某种地位。	（　）
27. 服务意识：为客户提供热情周到的服务，接受客户提出的建议并改进工作。	（　）

《××公司基于岗位胜任力模型的汽车销售人员培训体系构建》点评

指导老师：陈坤

一、毕业设计选题优秀

（一）具备良好的前提条件

（1）选题来源：该同学2020年3月进入汽车销售公司人力资源部实习，承担人员培训相关工作，在工作过程中，其关注到销售人员的培训比较零散、没有标准等因素导致销售人员能力提升慢、绩效不佳。

（2）调研条件：选题和该同学实习工作内容高度一致，在征得部门领导同意后，能够利用工作过程中接触到的管理文件、数据进行研究。

在具体调研过程中，实习所在公司的市场部给予了充分的支持，该同学有效获取了一线的感受信息和概面的数据信息。

（二）符合选题的基本原则

（1）与专业相关，小题大做。设计内容涉及岗位胜任力模型构建和培训体系构建，符合人力资源管理专业方向人才培养要求。该同学以实习工作中发现的销售人员培训问题为选题，考虑了培训体系构建的胜任力要求基础，通过对销售人员胜任力模型构建，建立培训的目标和标准；再从明确培训需求、完善培训保障、加强培训师资和强化效果评估的系统管理的角度，构建了新的销售人员培训体系。

（2）与企业相关，做真题。选题针对汽车销售公司培训管理的现实痛点问题，是真题。

（3）与职业相关，真做题。选题与人力资源助理工作紧密相关，毕业设计的过程也是调研、思考、总结实际工作，不断提高工作能力的过程，该同学实实在在投入了大量时间和精力去分析和解决问题，不断与公司各部门人员开展沟通，也锻炼了实际工作能力。

（三）选题质量达到 A 级

（1）选题与专业的符合度达到 A 级。选题明确，与本专业密切相关，符合专业培养目标。

（2）选题应用性程度达到 A 级。产生于实习单位人力资源管理的实际问题，属于真实选题。

（3）选题的难度适当。适合该同学的知识和能力状况。

（4）题目的规范性和严谨性达到 A 级。题目表述规范，用词严谨准确。

二、文献研究科学高效

（1）搜索方法简单有效。在中国知网搜索与主题相关的期刊论文，在百度搜索知名企业员工培训管理的先进经验，目的是找到销售培训管理的相关学术研究成果，以及解决销售人员培训问题的先进经验，为调研设计、方案设计提供借鉴。

（2）筛选方法快捷有用。主要根据文献的相似性、近3～5年发表、研究水平3个标准进行判断和选择。

（3）综述方法有述有评。重点总结和评价了以往学者对胜任力模型构建、销售人员培训问题、原因和对策的研究成果以及知名企业销售人员培训管理先进经验。

三、调查研究全面深入

（1）访谈调研内容全面。访谈题目立足于汽车销售人员的培训管理，通过问卷调查确立汽车销售人员的岗位胜任力，随后构建其岗位胜任力模型；再通过发放问卷的形式了解××公司的培训现状，分析其培训工作存在的问题。

（2）资料调研数据翔实。该同学正式问卷由两部分组成，第一部分是调查××公司汽车销售人员的培训现状，第二部分是对汽车销售人员的岗位胜任力进行调研。问卷通过网页链接、问卷星平台以及手机微信客户端等多渠道发放，回收率为84%。同时，在问卷的设计和培训体系构建等关键环节采用了访谈的方式进行补充。

四、研究报告整体优秀

（一）正文内容丰富、层次清晰、有创新点

（1）绪论内容完整、描述准确。清晰说明了毕业设计要解决的问题和背景、研究的目的和意义、研究方法。

（2）文献综述质量优秀。该同学消化吸收了文献中和自己的研究密切相关的内容，用简练易懂的语言总结和评价了参考文献的观点。

（3）现状调研报告质量优秀。该同学完整、清晰、准确地汇报了调研设计、调研过程和调研结果。

（4）问题解决方案科学可行，有创新点。在调研销售人员培训管理现状的优缺点的基础上，提出了有针对性的解决方案，科学可行。创新

点在于构建了汽车销售人员的岗位胜任力模型，明确了包括培训需求、培训保障、培训师资和效果评估的培训体系。

（二）摘要、参考文献及附录的内容合理且形式规范

（1）摘要内容完整、高度概括。摘要说明了研究意义、对象、方法、内容和设计方案要点，十分明确和恰当。

（2）参考文献符合要求。列举 19 篇中文论文、2 篇英文论文，内容与主题相关，格式排版符合规范要求。

（3）附录调研问卷具有参考价值。调研问卷是该同学实习工作的内容，对于相同主题的毕业设计具有参考价值。

参考文献

[1] 陈平．毕业设计与毕业论文指导［M］．北京：北京大学出版社，2015.

[2] 冯爱秋，钟丽．应用型大学本科毕业设计（论文）选题质量调研分析［J］．北京联合大学学报，2021（2）：13－18.

[3] 陈振明．社会研究方法［M］．北京：中国人民大学出版社，2012.

[4] 张娜．何谓好的研究设计——谈本科生学位论文开题报告的撰写［J］．科教导刊（中旬刊），2016（29）：24－25.

[5] 潘声旺，雷志华，赵雪峰，等．统计方法在毕业设计中的应用现状调查与分析［J］．哈尔滨职业技术学院学报，2017（4）：88－90.

[6] 韩晓燕，张彦通，李汉邦．对本科教学工作水平评估中毕业设计评审的分析和建议［J］．高教发展与评估，2006（2）：47－51.

后　记

感谢安徽建筑大学公共管理学院。丁仁船院长从个人质量工程项目中拨出经费对编著本书给予了资助，黄佳豪副院长对毕业设计管理规范化工作提出了指导意见。

感谢团队。本书是团队智慧的结晶，在编著倡议、内容编排、分工撰写、统稿排版、校对修改等方面，团队成员都倾注了心血。陈松林编写了第三、四、七、十、十一章，赵勇编写了第一、二、九章，范海洲编写了第五章，连瑞瑞编写了第八章，陈坤编写了第六、十二章。编委会成员刘黎黎、赵斌斌、陈雨、贺小桐、王先福老师对本书提出了修改完善的建议。

感谢毕业生。本书案例篇选择了4篇优秀毕业设计，作者分别是人力资源管理专业2019届的夏琪、2020届的信阳、2021届的张汇、2021届的代婧贤。